TRANZLATY

La Langue est pour tout le Monde

Språk är till för alla

Le Manifeste Communiste

Det Kommunistiska Manifestet

Karl Marx
&
Friedrich Engel

Français / Svenska

Published by Tranzlaty
ISBN: 978-1-80572-378-3
Original text by Karl Marx and Friedrich Engels
The Communist Manifesto
First published in 1848
www.tranzlaty.com

Introduction
Införandet

Un spectre hante l'Europe : le spectre du communisme
Ett spöke hemsöker Europa – kommunismens spöke
Toutes les puissances de la vieille Europe ont conclu une sainte alliance pour exorciser ce spectre
Alla makterna i det gamla Europa har ingått en helig allians för att driva ut detta spöke
Le pape et le tsar, Metternich et Guizot, les radicaux français et les espions de la police allemande
Påven och tsaren, Metternich och Guizot, franska radikaler och tyska polisspioner
Où est le parti dans l'opposition qui n'a pas été décrié comme communiste par ses adversaires au pouvoir ?
Var finns det oppositionsparti som inte har fördömts som kommunistiskt av sina motståndare vid makten?
Où est l'opposition qui n'a pas rejeté le reproche de marque du communisme contre les partis d'opposition les plus avancés ?
Var finns den opposition, som inte har slungat tillbaka kommunismens brännmärkningssmälek mot de mer avancerade oppositionspartierna?
Et où est le parti qui n'a pas porté l'accusation contre ses adversaires réactionnaires ?
Och var finns det parti som inte har riktat anklagelsen mot sina reaktionära motståndare?
Deux choses résultent de ce fait
Två saker är resultatet av detta faktum
I. Le communisme est déjà reconnu par toutes les puissances européennes comme étant lui-même une puissance
I. Kommunismen är redan erkänd av alla europeiska makter som en självständig makt
II. Il est grand temps que les communistes publient ouvertement, à la face du monde entier, leurs vues, leurs buts et leurs tendances

II. Det är hög tid att kommunisterna öppet inför hela världen offentliggör sina åsikter, mål och tendenser

ils doivent répondre à ce conte enfantin du spectre du communisme par un manifeste du parti lui-même

De måste möta denna barnkammarsaga om kommunismens spöke med ett manifest från partiet självt

À cette fin, des communistes de diverses nationalités se sont réunis à Londres et ont esquissé le manifeste suivant

I detta syfte har kommunister av olika nationaliteter samlats i London och skisserat följande manifest

ce manifeste sera publié en anglais, français, allemand, italien, flamand et danois

Detta manifest kommer att publiceras på engelska, franska, tyska, italienska, flamländska och danska språken

Et maintenant, il doit être publié dans toutes les langues proposées par Tranzlaty

Och nu ska den publiceras på alla språk som Tranzlaty erbjuder

Les bourgeois et les prolétaires
Bourgeoisin och proletärerna

L'histoire de toutes les sociétés qui ont existé jusqu'à présent est l'histoire des luttes de classes
Alla hittillsvarande samhällens historia är klasskampens historia
Homme libre et esclave, patricien et plébéien, seigneur et serf, maître de guilde et compagnon
Fri och slav, patricier och plebej, herre och livegen, skråmästare och gesäll
en un mot, oppresseur et opprimé
med ett ord, förtryckare och förtryckta
Ces classes sociales étaient en opposition constante les unes avec les autres
Dessa samhällsklasser stod i ständig motsättning till varandra
Ils se sont battus sans interruption. Maintenant caché, maintenant ouvert
De förde en oavbruten kamp. Nu gömd, nu öppen
un combat qui s'est terminé par une reconstitution révolutionnaire de la société dans son ensemble
En kamp som antingen slutade i en revolutionär ombildning av samhället i stort
ou un combat qui s'est terminé par la ruine commune des classes en lutte
eller en kamp som slutade med de stridande klassernas gemensamma undergång
Jetons un coup d'œil aux époques antérieures de l'histoire
Låt oss se tillbaka på historiens tidigare epoker
Nous trouvons presque partout un arrangement compliqué de la société en divers ordres
Vi finner nästan överallt en invecklad indelning av samhället i olika ordningar
Il y a toujours eu une gradation multiple du rang social
Det har alltid funnits en mångfaldig gradering av den sociala rangen

Dans la Rome antique, nous avons des patriciens, des chevaliers, des plébéiens, des esclaves

I det antika Rom har vi patricier, riddare, plebejer, slavar

au Moyen Âge : seigneurs féodaux, vassaux, maîtres de corporation, compagnons, apprentis, serfs

under medeltiden: feodalherrar, vasaller, skråmästare, gesäller, lärlingar, livegna

Dans presque toutes ces classes, encore une fois, les gradations subordonnées

I nästan alla dessa klasser, återigen, underordnade graderingar

La société bourgeoise moderne est née des ruines de la société féodale

Det moderna bourgeoisisamhället har vuxit upp ur det feodala samhällets ruiner

Mais ce nouvel ordre social n'a pas fait disparaître les antagonismes de classe

Men denna nya samhällsordning har inte gjort slut på klassmotsättningarna

Elle n'a fait qu'établir de nouvelles classes et de nouvelles conditions d'oppression

Den har bara skapat nya klasser och nya förtryckande betingelser

Il a mis en place de nouvelles formes de lutte à la place des anciennes

Den har upprättat nya kampformer i stället för de gamla

Cependant, l'époque dans laquelle nous nous trouvons possède un trait distinctif

Men den epok vi befinner oss i har ett utmärkande drag

l'époque de la bourgeoisie a simplifié les antagonismes de classe

Bourgeoisins epok har förenklat klassmotsättningarna

La société dans son ensemble se divise de plus en plus en deux grands camps hostiles

Samhället som helhet håller mer och mer på att splittras i två stora fientliga läger

deux grandes classes sociales qui se font directement face : la bourgeoisie et le prolétariat

två stora samhällsklasser som står mitt emot varandra: bourgeoisin och proletariatet

Des serfs du Moyen Âge sont sortis les bourgeois agréés des premières villes

Från de livegna under medeltiden härstammade de privilegierade borgarna i de tidigaste städerna

C'est à partir de ces bourgeois que se sont développés les premiers éléments de la bourgeoisie

Ur dessa borgare utvecklades de första elementen av bourgeoisin

La découverte de l'Amérique et le contournement du Cap

Upptäckten av Amerika och rundningen av Kap

ces événements ont ouvert un nouveau terrain à la bourgeoisie montante

Dessa händelser öppnade ny mark för den uppåtstigande bourgeoisin

Les marchés des Indes orientales et de la Chine, la colonisation de l'Amérique, le commerce avec les colonies

De ostindiska och kinesiska marknaderna, koloniseringen av Amerika, handeln med kolonierna

l'augmentation des moyens d'échange et des marchandises en général

Ökningen av bytesmedlen och av varorna i allmänhet

Ces événements donnèrent au commerce, à la navigation et à l'industrie une impulsion jamais connue jusque-là

Dessa händelser gav handeln, sjöfarten och industrin en impuls som aldrig tidigare känts

Elle a donné un développement rapide à l'élément révolutionnaire dans la société féodale chancelante

Den utvecklade snabbt det revolutionära elementet i det vacklande feodala samhället

Les guildes fermées avaient monopolisé le système féodal de la production industrielle

Slutna skrån hade monopoliserat det feodala systemet för
industriproduktion
**Mais cela ne suffisait plus aux besoins croissants des
nouveaux marchés**
Men detta räckte inte längre till för de nya marknadernas
växande behov
**Le système manufacturier a pris la place du système féodal
de l'industrie**
Manufaktursystemet ersatte det feodala industrisystemet
**Les maîtres de guilde étaient poussés d'un côté par la classe
moyenne manufacturière**
Skråmästarna knuffades åt sidan av den tillverkande
medelklassen
**La division du travail entre les différentes corporations a
disparu**
Arbetsdelningen mellan de olika korporativa skråna försvann
La division du travail s'infiltrait dans chaque atelier
Arbetsdelningen genomsyrade varje enskild verkstad
**Pendant ce temps, les marchés ne cessaient de croître et la
demande ne cessait d'augmenter**
Under tiden fortsatte marknaderna att växa och efterfrågan
ständigt öka
**Même les usines ne suffisaient plus à répondre à la
demande**
Inte ens fabrikerna räckte längre till för att möta kraven
**À partir de là, la vapeur et les machines ont révolutionné la
production industrielle**
Därefter revolutionerade ånga och maskiner den industriella
produktionen
**La place de fabrication a été prise par le géant de l'industrie
moderne**
Manufakturen ersattes av jätten, den moderna industrin
**La place de la classe moyenne industrielle a été prise par des
millionnaires industriels**
Den industriella medelklassens plats intogs av
industrimiljonärerna

la place de chefs d'armées industrielles entières ont été prises par la bourgeoisie moderne

Den moderna bourgeoisin ersatte hela industriarméernas ledare

la découverte de l'Amérique a ouvert la voie à l'industrie moderne pour établir le marché mondial

Upptäckten av Amerika banade väg för den moderna industrin att etablera världsmarknaden

Ce marché donna un immense développement au commerce, à la navigation et aux communications par terre

Denna marknad gav en enorm utveckling av handel, sjöfart och kommunikation på land

Cette évolution a, en son temps, réagi à l'extension de l'industrie

Denna utveckling har på sin tid återverkat på industrins utbredning

elle a réagi proportionnellement à l'expansion de l'industrie et à l'extension du commerce, de la navigation et des chemins de fer

Den reagerade i proportion till hur industrin utvidgades och hur handeln, sjöfarten och järnvägarna expanderade

dans la même proportion que la bourgeoisie s'est développée, elle a augmenté son capital

I samma proportion som bourgeoisin utvecklades, ökade de sitt kapital

et la bourgeoisie a relégué à l'arrière-plan toutes les classes héritées du Moyen Âge

Och bourgeoisin sköt varje klass som gått i arv från medeltiden i bakgrunden

c'est pourquoi la bourgeoisie moderne est elle-même le produit d'un long développement

Därför är den moderna bourgeoisin själv en produkt av en lång utvecklingsgång

On voit qu'il s'agit d'une série de révolutions dans les modes de production et d'échange

Vi ser att det är en serie revolutioner i produktions- och utbytessätten

Chaque étape du développement de la bourgeoisie s'accompagnait d'une avancée politique correspondante

Varje steg i bourgeoisins utveckling åtföljdes av ett motsvarande politiskt framsteg

Une classe opprimée sous l'emprise de la noblesse féodale

En förtryckt klass under den feodala adelns herravälde

Une association armée et autonome dans la commune médiévale

En väpnad och självstyrande sammanslutning i den medeltida kommunen

ici, une république urbaine indépendante (comme en Italie et en Allemagne)

här en självständig stadsrepublik (som i Italien och Tyskland)

là, un « tiers état » imposable de la monarchie (comme en France)

där, ett skattepliktigt "tredje stånd" i monarkin (som i Frankrike)

par la suite, dans la période de fabrication proprement dite

därefter, under den egentliga tillverkningsperioden,

la bourgeoisie servait soit la monarchie semi-féodale, soit la monarchie absolue

bourgeoisin tjänade antingen den halvfeodala eller den absoluta monarkin

ou bien la bourgeoisie faisait contrepoids à la noblesse

eller så fungerade bourgeoisin som en motvikt mot adeln

et, en fait, la bourgeoisie était une pierre angulaire des grandes monarchies en général

Och i själva verket var bourgeoisin en hörnsten i de stora monarkierna i allmänhet

mais l'industrie moderne et le marché mondial se sont établis depuis lors

Men storindustrin och världsmarknaden har sedan dess etablerat sig

et la bourgeoisie s'est emparée de l'emprise politique exclusive

Och bourgeoisin har erövrat sig ett exklusivt politiskt herravälde

elle a obtenu cette influence politique à travers l'État représentatif moderne

Den uppnådde detta politiska inflytande genom den moderna representativa staten

Les exécutifs de l'État moderne ne sont qu'un comité de gestion

Den moderna statens verkställande organ är bara en förvaltningskommitté

et ils gèrent les affaires communes de toute la bourgeoisie

och de sköter hela bourgeoisins gemensamma angelägenheter

La bourgeoisie, historiquement, a joué un rôle des plus révolutionnaires

Bourgeoisin har historiskt spelat en mycket revolutionär roll

Partout où elle a pris le dessus, elle a mis fin à toutes les relations féodales, patriarcales et idylliques

Varhelst den fick övertaget, gjorde den slut på alla feodala, patriarkaliska och idylliska förhållanden

Elle a impitoyablement déchiré les liens féodaux hétéroclites qui liaient l'homme à ses « supérieurs naturels »

Den har obarmhärtigt slitit sönder de brokiga feodala band som band människan till hennes "naturliga överordnade"

et il n'y a plus de lien entre l'homme et l'homme, si ce n'est l'intérêt personnel

Och den har inte lämnat något kvar av någon förbindelse mellan människor annat än det nakna egenintresset

Les relations de l'homme entre eux ne sont plus qu'un « paiement en espèces » impitoyable

Människornas relationer till varandra har inte blivit något annat än känslokall "kontant betalning"

Elle a noyé les extases les plus célestes de la ferveur religieuse

Den har dränkt den religiösa glödens mest himmelska extas

elle a noyé l'enthousiasme chevaleresque et le
sentimentalisme philistin
Den har dränkt ridderlig entusiasm och kälkborgerlig
sentimentalitet
Il a noyé ces choses dans l'eau glacée du calcul égoïste
Den har dränkt dessa saker i den egoistiska beräkningens
iskalla vatten
Il a transformé la valeur personnelle en valeur échangeable
Den har upplöst personligt värde till utbytbart värde
elle a remplacé les innombrables et inaliénables libertés
garanties par la Charte
Den har ersatt de oräkneliga och ofrånkomliga stadgade
friheterna
et il a mis en place une liberté unique et inadmissible ;
Libre-échange
och den har upprättat en enda, samvetslös frihet; Frihandel
En un mot, il l'a fait pour l'exploitation
Med ett ord, den har gjort detta för att exploatera
Une exploitation voilée par des illusions religieuses et
politiques
Exploatering beslöjad av religiösa och politiska illusioner
l'exploitation voilée par une exploitation nue, éhontée,
directe, brutale
Exploatering beslöjad av naken, skamlös, direkt, brutal
exploatering
la bourgeoisie a enlevé l'auréole de toutes les occupations
jusque-là honorées et vénérées
Bourgeoisin har tagit bort glorian från varje tidigare hedrad
och vördad sysselsättning
le médecin, l'avocat, le prêtre, le poète et l'homme de science
Läkaren, advokaten, prästen, poeten och vetenskapsmannen
Il a converti ces travailleurs distingués en ses travailleurs
salariés
Den har förvandlat dessa framstående arbetare till sina
avlönade lönarbetare
La bourgeoisie a déchiré le voile sentimental de la famille

Bourgeoisin har slitit bort den sentimentala slöjan från familjen
et elle a réduit la relation familiale à une simple relation d'argent
Och den har reducerat familjeförhållandet till ett rent penningförhållande
la brutale démonstration de vigueur au Moyen Âge que les réactionnaires admirent tant
den brutala uppvisningen av kraft under medeltiden, som reaktionisterna beundrar så mycket
Même cela a trouvé son complément approprié dans l'indolence la plus paresseuse
Till och med detta fann sitt passande komplement i den mest lättjefulla lättja
La bourgeoisie a révélé comment tout cela s'est passé
Bourgeoisin har avslöjat hur allt detta gick till
La bourgeoisie a été la première à montrer ce que l'activité de l'homme peut produire
Bourgeoisin har varit den första som visat vad människans verksamhet kan åstadkomma
Il a accompli des merveilles surpassant de loin les pyramides égyptiennes, les aqueducs romains et les cathédrales gothiques
Den har åstadkommit underverk som vida överträffar egyptiska pyramider, romerska akvedukter och gotiska katedraler
et il a mené des expéditions qui ont mis dans l'ombre tous les anciens Exodes des nations et les croisades
och den har genomfört expeditioner som ställt alla tidigare uttåg av nationer och korståg i skuggan
La bourgeoisie ne peut exister sans révolutionner sans cesse les instruments de production
Bourgeoisin kan inte existera utan att ständigt revolutionera produktionsinstrumenten
et par conséquent elle ne peut exister sans ses rapports à la production

Och därmed kan den inte existera utan sitt förhållande till
produktionen
et donc elle ne peut exister sans ses relations avec la société
Och därför kan den inte existera utan sina relationer till
samhället
**Toutes les classes industrielles antérieures avaient une
condition en commun**
Alla tidigare industriklasser hade en betingelse gemensamt
**Ils s'appuyaient sur la conservation des anciens modes de
production**
De förlitade sig på bevarandet av de gamla produktionssätten
**mais la bourgeoisie a apporté avec elle une dynamique tout
à fait nouvelle**
Men bourgeoisin förde med sig en helt ny dynamik
**Révolution constante de la production et perturbation
ininterrompue de toutes les conditions sociales**
Ständig omvälvning av produktionen och oavbruten störning
av alla samhällsförhållanden
**cette incertitude et cette agitation perpétuelles distinguent
l'époque bourgeoise de toutes les époques antérieures**
Denna eviga osäkerhet och oro skiljer bourgeoisins epok från
alla tidigare
**Les relations antérieures avec la production
s'accompagnaient de préjugés et d'opinions anciens et
vénérables**
Tidigare relationer med produktionen präglades av uråldriga
och ärevördiga fördomar och åsikter
**Mais toutes ces relations figées et figées sont balayées d'un
revers de main**
Men alla dessa fasta, fastfrusna relationer sopas bort
**Toutes les relations nouvellement formées deviennent
archaïques avant de pouvoir s'ossifier**
Alla nybildade relationer blir föråldrade innan de kan
förstelnas
**Tout ce qui est solide se fond dans l'air, et tout ce qui est
saint est profané**

Allt som är fast smälter till luft, och allt som är heligt
vanhelgas
**L'homme est enfin forcé de faire face, avec des sens sobres, à
ses conditions réelles de vie**
Människan är till sist tvungen att med nyktra sinnen möta sina
verkliga livsbetingelser
et il est obligé de faire face à ses relations avec les siens
och han är tvungen att möta sina relationer med sina gelikar
**La bourgeoisie a constamment besoin d'élargir ses marchés
pour ses produits**
Bourgeoisin måste ständigt utvidga sina marknader för sina
produkter
**et, à cause de cela, la bourgeoisie est poursuivie sur toute la
surface du globe**
Och på grund av detta jagas bourgeoisin över hela jordklotets
yta
**La bourgeoisie doit se nicher partout, s'installer partout,
établir des liens partout**
Bourgeoisin måste nästla sig in överallt, slå sig ner överallt,
upprätta förbindelser överallt
**La bourgeoisie doit créer des marchés dans tous les coins du
monde pour exploiter**
Bourgeoisin måste skapa marknader i världens alla hörn för
att exploatera
**La production et la consommation dans tous les pays ont
reçu un caractère cosmopolite**
Produktionen och konsumtionen i varje land har fått en
kosmopolitisk karaktär
**le chagrin des réactionnaires est palpable, mais il s'est
poursuivi malgré tout**
reaktionisternas förtret är påtaglig, men den har fortsatt
oavsett
**La bourgeoisie a tiré de dessous les pieds de l'industrie le
terrain national sur lequel elle se trouvait**
Bourgeoisin har ryckt upp den nationella mark, på vilken den
stod under industrins fötter

Toutes les anciennes industries nationales ont été détruites, ou sont détruites chaque jour
Alla gamla etablerade nationella industrier har förstörts eller förstörs dagligen
Toutes les anciennes industries nationales sont délogées par de nouvelles industries
Alla gamla etablerade nationella industrier trängs undan av nya industrier
Leur introduction devient une question de vie ou de mort pour toutes les nations civilisées
Deras införande blir en fråga om liv och död för alla civiliserade nationer
Ils sont délogés par les industries qui ne travaillent plus la matière première indigène
De trängs undan av industrier som inte längre arbetar upp inhemska råvaror
Au lieu de cela, ces industries extraient des matières premières des zones les plus reculées
I stället hämtar dessa industrier råvaror från de mest avlägsna områdena
dont les produits sont consommés, non seulement chez nous, mais dans tous les coins du monde
Industrier vars produkter konsumeras, inte bara i hemmen, utan i varje hörn av världen
À la place des anciens besoins, satisfaits par les productions du pays, nous trouvons de nouveaux besoins
I stället för de gamla behoven, tillfredsställda av landets produktion, finner vi nya behov
Ces nouveaux besoins exigent pour leur satisfaction les produits des pays et des climats lointains
Dessa nya behov kräver för att tillfredsställa produkter från fjärran länder och trakter
À la place de l'ancien isolement et de l'autosuffisance locaux et nationaux, nous avons le commerce
I stället för den gamla lokala och nationella avskildheten och självförsörjningen har vi handel

les échanges internationaux dans toutes les directions ;
l'interdépendance universelle des nations
internationellt utbyte i alla riktningar; Universellt ömsesidigt
beroende mellan nationer
Et de même que nous sommes dépendants des matériaux,
nous sommes dépendants de la production intellectuelle
Och på samma sätt som vi är beroende av material, så är vi
beroende av intellektuell produktion
Les créations intellectuelles des nations individuelles
deviennent la propriété commune
De enskilda nationernas intellektuella skapelser blir
gemensam egendom
L'unilatéralité nationale et l'étroitesse d'esprit deviennent
de plus en plus impossibles
Nationell ensidighet och trångsynthet blir mer och mer
omöjlig
et des nombreuses littératures nationales et locales, surgit
une littérature mondiale
Och ur de talrika nationella och lokala litteraturerna uppstår
en världslitteratur
par l'amélioration rapide de tous les instruments de
production
genom en snabb förbättring av alla produktionsinstrument
par les moyens de communication immensément facilités
av de oerhört underlättade kommunikationsmedlen
La bourgeoisie entraîne tout le monde (même les nations les
plus barbares) dans la civilisation
Bourgeoisin drar in alla (även de mest barbariska nationerna) i
civilisationen
Les prix bon marché de ses marchandises ; l'artillerie lourde
qui abat toutes les murailles chinoises
De billiga priserna på dess varor; det tunga artilleriet som slår
ner alla kinesiska murar
La haine obstinée des barbares contre les étrangers est forcée
de capituler
Barbarernas hårdnackade främlingshat tvingas kapitulera

Elle oblige toutes les nations, sous peine d'extinction, à adopter le mode de production bourgeois
Den tvingar alla nationer att vid äventyr av utrotning anta bourgeoisins produktionssätt
elle les oblige à introduire ce qu'elle appelle la civilisation en leur sein
Den tvingar dem att införa vad den kallar civilisation mitt ibland dem
La bourgeoisie force les barbares à devenir eux-mêmes bourgeois
Bourgeoisin tvingar barbarerna att själva bli bourgeoisi
en un mot, la bourgeoisie crée un monde à son image
Med ett ord: bourgeoisin skapar en värld efter sin egen avbild
La bourgeoisie a soumis les campagnes à la domination des villes
Bourgeoisin har underkastat landsbygden städernas herravälde
Il a créé d'énormes villes et considérablement augmenté la population urbaine
Den har skapat enorma städer och kraftigt ökat stadsbefolkningen
Il a sauvé une partie considérable de la population de l'idiotie de la vie rurale
Den räddade en betydande del av befolkningen från landsbygdens idioti
mais elle a rendu les ruraux dépendants des villes
Men den har gjort dem som bor på landsbygden beroende av städerna
et de même, elle a rendu les pays barbares dépendants des pays civilisés
Och på samma sätt har den gjort de barbariska länderna beroende av de civiliserade
nations paysannes sur nations bourgeoises, l'Orient sur Occident
bondenationer på bourgeoisins nationer, öst på väst

La bourgeoisie se débarrasse de plus en plus de l'éparpillement de la population

Bourgeoisin gör sig mer och mer av med den splittrade befolkningens tillstånd

Il a une production agglomérée et a concentré la propriété entre quelques mains

Den har en agglomererad produktion och har koncentrerat egendomen i några få händer

La conséquence nécessaire de cela a été la centralisation politique

Den nödvändiga konsekvensen av detta var politisk centralisering

Il y avait eu des nations indépendantes et des provinces vaguement reliées entre elles

Det hade funnits självständiga nationer och löst sammanhållna provinser

Ils avaient des intérêts, des lois, des gouvernements et des systèmes d'imposition distincts

De hade olika intressen, lagar, regeringar och skattesystem

Mais ils ont été regroupés en une seule nation, avec un seul gouvernement

Men de har klumpats ihop till en nation, med en regering

Ils ont maintenant un intérêt de classe national, une frontière et un tarif douanier

De har nu ett nationellt klassintresse, en gräns och en tulltaxa

Et cet intérêt de classe national est unifié sous un seul code de loi

Och detta nationella klassintresse är förenat under en enda lagsamling

la bourgeoisie a accompli beaucoup de choses au cours de son règne d'à peine cent ans

Bourgeoisin har uträttat mycket under sitt knappa hundraåriga styre

forces productives plus massives et plus colossales que toutes les générations précédentes réunies

mer massiva och kolossala produktivkrafter än alla tidigare generationer tillsammans har gjort

Les forces de la nature sont soumises à la volonté de l'homme et de ses machines

Naturens krafter är underkastade människans och hennes maskiners vilja

La chimie s'applique à toutes les formes d'industrie et à tous les types d'agriculture

Kemi tillämpas på alla former av industri och typer av jordbruk

la navigation à vapeur, les chemins de fer, les télégraphes électriques et l'imprimerie

ångsjöfart, järnvägar, elektriska telegrafer och tryckpressen

défrichement de continents entiers pour la culture, canalisation des rivières

röjning av hela kontinenter för odling, kanalisering av floder

Des populations entières ont été extirpées du sol et mises au travail

Hela befolkningar har trollats fram ur marken och satts i arbete

Quel siècle précédent avait ne serait-ce qu'un pressentiment de ce qui pourrait être déchaîné ?

Vilket tidigare århundrade hade ens en föraning om vad som kunde släppas lös?

Qui aurait prédit que de telles forces productives sommeillaient dans le giron du travail social ?

Vem hade förutsett att sådana produktivkrafter slumrade i det samhälleliga arbetets sköte?

Nous voyons donc que les moyens de production et d'échange ont été générés dans la société féodale

Vi ser alltså, att produktions- och samfärdsmedlen alstrades i det feodala samhället

les moyens de production sur la base desquels la bourgeoisie s'est construite

de produktionsmedel, på vilkas grundval bourgeoisin byggde upp sig

À un certain stade du développement de ces moyens de production et d'échange
På ett visst stadium i utvecklingen av dessa produktions- och utbytesmedel
les conditions dans lesquelles la société féodale produisait et échangeait
De betingelser, under vilka det feodala samhället producerade och utbytte
L'organisation féodale de l'agriculture et de l'industrie manufacturière
Den feodala organisationen av jordbruket och manufakturindustrin
Les rapports féodaux de propriété n'étaient plus compatibles avec les conditions matérielles
De feodala egendomsförhållandena var inte längre förenliga med de materiella betingelserna
Ils devaient être brisés, alors ils ont été brisés
De måste sprängas sönder, så de sprängdes sönder
À leur place s'est ajoutée la libre concurrence des forces productives
I deras ställe steg den fria konkurrensen från produktivkrafterna
et ils étaient accompagnés d'une constitution sociale et politique adaptée à celle-ci
Och de åtföljdes av en social och politisk konstitution som var anpassad till den
et elle s'accompagnait de l'emprise économique et politique de la classe bourgeoise
och den åtföljdes av bourgeoisins ekonomiska och politiska herravälde
Un mouvement similaire est en train de se produire sous nos yeux
En liknande rörelse pågår framför våra egna ögon
La société bourgeoise moderne avec ses rapports de production, d'échange et de propriété

Det moderna bourgeoisisamhället med dess produktions-, utbytes- och egendomsförhållanden

une société qui a inventé des moyens de production et d'échange aussi gigantesques

ett samhälle som har trollat fram sådana gigantiska produktions- och utbytesmedel

C'est comme le sorcier qui a invoqué les puissances de l'au-delà

Det är som trollkarlen som kallade på underjordens makter

Mais il n'est plus capable de contrôler ce qu'il a mis au monde

Men han kan inte längre kontrollera vad han har fört till världen

Pendant de nombreuses décennies, l'histoire a été liée par un fil conducteur

Under många decennier har historien knutits samman av en röd tråd

L'histoire de l'industrie et du commerce n'a été que l'histoire des révoltes

Industrins och handelns historia har bara varit revolternas historia

Les révoltes des forces productives modernes contre les conditions modernes de production

De moderna produktivkrafternas uppror mot de moderna produktionsförhållandena

Les révoltes des forces productives modernes contre les rapports de propriété

De moderna produktivkrafternas uppror mot egendomsförhållandena

ces rapports de propriété sont les conditions de l'existence de la bourgeoisie

Dessa egendomsförhållanden är betingelserna för bourgeoisins existens

et l'existence de la bourgeoisie détermine les règles des rapports de propriété

Och bourgeoisins existens bestämmer reglerna för egendomsförhållandena

Il suffit de mentionner le retour périodique des crises commerciales

Det räcker med att nämna de periodiska återkomsterna av handelskriser

chaque crise commerciale est plus menaçante pour la société bourgeoise que la précédente

varje handelskris är mer hotande för det borgerliga samhället än den förra

Dans ces crises, une grande partie des produits existants sont détruits

I dessa kriser förstörs en stor del av de befintliga produkterna

Mais ces crises détruisent aussi les forces productives créées précédemment

Men dessa kriser förstör också de tidigare skapade produktivkrafterna

Dans toutes les époques antérieures, ces épidémies auraient semblé une absurdité

Under alla tidigare epoker skulle dessa epidemier ha förefallit som en absurditet

parce que ces épidémies sont les crises commerciales de la surproduction

Därför att dessa epidemier är överproduktionens kommersiella kriser

La société se trouve soudain remise dans un état de barbarie momentanée

Samhället befinner sig plötsligt åter i ett tillstånd av tillfälligt barbari

comme si une guerre universelle de dévastation avait coupé tous les moyens de subsistance

som om ett universellt krig av förödelse hade skurit av alla livsförnödenheter

l'industrie et le commerce semblent avoir été détruits ; Et pourquoi ?

industri och handel tycks ha förstörts; Och varför?

Parce qu'il y a trop de civilisation et de moyens de subsistance
Därför att det finns för mycket civilisation och för mycket medel för uppehälle
et parce qu'il y a trop d'industrie et trop de commerce
Och för att det finns för mycket industri och för mycket handel
Les forces productives à la disposition de la société ne développent plus la propriété bourgeoise
De produktivkrafter, som står till samhällets förfogande, utvecklar inte längre bourgeoisins egendom
au contraire, ils sont devenus trop puissants pour ces conditions, par lesquelles ils sont enchaînés
Tvärtom har de blivit alltför mäktiga för dessa betingelser, som fjättrar dem
dès qu'ils surmontent ces entraves, ils mettent le désordre dans toute la société bourgeoise
Så snart de övervunnit dessa fjättrar, bringar de oordning i hela det borgerliga samhället
et les forces productives mettent en danger l'existence de la propriété bourgeoise
Och produktivkrafterna sätter bourgeoisins egendom på spel
Les conditions de la société bourgeoise sont trop étroites pour englober les richesses qu'elles créent
Förhållandena i det borgerliga samhället är alltför trånga för att rymma den rikedom som det skapar
Et comment la bourgeoisie surmonte-t-elle ces crises ?
Och hur kommer bourgeoisin över dessa kriser?
D'une part, elle surmonte ces crises par la destruction forcée d'une masse de forces productives
Å ena sidan övervinner den dessa kriser genom att påtvinga förintelsen av en mängd produktivkrafter
D'autre part, elle surmonte ces crises par la conquête de nouveaux marchés
Å andra sidan övervinner den dessa kriser genom att erövra nya marknader

et elle surmonte ces crises par l'exploitation plus poussée des anciennes forces productives

Och den övervinner dessa kriser genom att grundligare exploatera de gamla produktivkrafterna

C'est-à-dire en ouvrant la voie à des crises plus étendues et plus destructrices

Det vill säga genom att bana väg för mer omfattande och mer destruktiva kriser

elle surmonte la crise en diminuant les moyens de prévention des crises

Den övervinner krisen genom att minska de medel genom vilka kriser kan förebyggas

Les armes avec lesquelles la bourgeoisie a abattu le féodalisme sont maintenant retournées contre elle-même

De vapen, med vilka bourgeoisin fällde feodalismen, är nu vända mot sig själv

Mais non seulement la bourgeoisie a-t-elle forgé les armes qui lui apportent la mort

Men bourgeoisin har inte bara smidit de vapen som bringar död åt sig själv

Il a également appelé à l'existence les hommes qui doivent manier ces armes

Den har också framkallat de män som ska hantera dessa vapen

Et ces hommes sont la classe ouvrière moderne ; Ce sont les prolétaires

Och dessa män är den moderna arbetarklassen; De är proletärerna

À mesure que la bourgeoisie se développe, le prolétariat se développe dans la même proportion

I samma mån som bourgeoisin är utvecklad, i samma proportion är proletariatet utvecklat

La classe ouvrière moderne a développé une classe d'ouvriers

Den moderna arbetarklassen utvecklade en klass av arbetare

Cette classe d'ouvriers ne vit que tant qu'elle trouve du travail

Denna klass av arbetare lever bara så länge de finner arbete

et ils ne trouvent de travail qu'aussi longtemps que leur travail augmente le capital

Och de får arbete endast så länge deras arbete ökar kapitalet

Ces ouvriers, qui doivent se vendre à la pièce, sont une marchandise

Dessa arbetare, som måste sälja sig bit för bit, är en vara

Ces ouvriers sont comme tous les autres articles de commerce

Dessa arbetare är som varje annan handelsartikel

et, par conséquent, ils sont exposés à toutes les vicissitudes de la concurrence

Och de är följaktligen utsatta för konkurrensens alla växlingar

Ils doivent faire face à toutes les fluctuations du marché

De måste klara av alla fluktuationer på marknaden

En raison de l'utilisation intensive des machines et de la division du travail

På grund av den omfattande användningen av maskiner och arbetsfördelningen

Le travail des prolétaires a perdu tout caractère individuel

Proletärernas arbete har förlorat all egenart

et, par conséquent, le travail des prolétaires a perdu tout charme pour l'ouvrier

Och följaktligen har proletärernas arbete förlorat all charm för arbetaren

Il devient un appendice de la machine, plutôt que l'homme qu'il était autrefois

Han blir ett bihang till maskinen, snarare än den människa han en gång var

On n'exige de lui que l'habileté la plus simple, la plus monotone et la plus facile à acquérir

Endast den enklaste, mest enformiga och lättförvärvade talang krävs av honom

Par conséquent, le coût de production d'un ouvrier est limité

Därför är en arbetares produktionskostnader begränsade

elle se limite presque entièrement aux moyens de subsistance dont il a besoin pour son entretien
Den är nästan helt begränsad till de medel för uppehälle som han behöver för sitt uppehälle
et elle est limitée aux moyens de subsistance dont il a besoin pour la propagation de sa race
Och den är begränsad till de livsförnödenheter som hon behöver för sin ras fortplantning
Mais le prix d'une marchandise, et par conséquent aussi du travail, est égal à son coût de production
Men priset på en vara, och därmed också på arbetet, är lika med dess produktionskostnader
C'est pourquoi, à mesure que le travail répugnant augmente, le salaire diminue
I samma mån som arbetets motbjudande karaktär ökar, sjunker alltså lönen
Bien plus, le caractère répugnant de son travail augmente à un rythme encore plus grand
Nej, motbjudandet i hans arbete ökar i ännu högre takt
À mesure que l'utilisation des machines et la division du travail augmentent, le fardeau du labeur augmente également
I takt med att användningen av maskiner och arbetsdelningen ökar, ökar också bördan av slit
La charge de travail est augmentée par la prolongation du temps de travail
Arbetets börda ökar genom att arbetstiden förlängs
On attend plus de l'ouvrier dans le même temps qu'auparavant
Man förväntar sig mer av arbetaren på samma tid som förut
Et bien sûr, le poids du labeur est augmenté par la vitesse de la machine
Och naturligtvis ökas bördan av arbetet med maskineriets hastighet
L'industrie moderne a transformé le petit atelier du maître patriarcal en la grande usine du capitaliste industriel

Storindustrin har förvandlat den patriarkaliske mästarens lilla
verkstad till industrikapitalistens stora fabrik

**Des masses d'ouvriers, entassés dans l'usine, s'organisent
comme des soldats**

Massor av arbetare, som trängs i fabriken, är organiserade
som soldater

**En tant que simples soldats de l'armée industrielle, ils sont
placés sous le commandement d'une hiérarchie parfaite
d'officiers et de sergents**

Som meniga i industriarmén ställs de under befäl av en
perfekt hierarki av officerare och sergeanter

**ils ne sont pas seulement les esclaves de la classe bourgeoise
et de l'État**

De är inte bara slavar under bourgeoisin, klassen och staten

**Mais ils sont aussi asservis quotidiennement et d'heure en
heure par la machine**

Men de är också dagligen och stundligen förslavade av
maskinen

**ils sont asservis par le surveillant, et surtout par le fabricant
bourgeois lui-même**

De är förslavade av åskådaren och framför allt av den enskilde
bourgeoisifabrikanten själv

**Plus ce despotisme proclame ouvertement que le gain est sa
fin et son but, plus il est mesquin, plus haïssable et plus
aigri**

Ju mer öppet denna despotism proklamerar att vinning är
dess mål och mål, desto småaktigare, desto mer hatisk och
desto bittrare är den

**Plus l'industrie moderne se développe, moins les différences
entre les sexes sont grandes**

Ju mer den moderna industrin utvecklas, desto mindre blir
skillnaderna mellan könen

**Moins le travail manuel exige d'habileté et d'effort de force,
plus le travail des hommes est supplanté par celui des
femmes**

Ju mindre skicklighet och kraftansträngning som är förenad med manuellt arbete, desto mer ersätts männens arbete av kvinnornas

Les différences d'âge et de sexe n'ont plus de validité sociale distincte pour la classe ouvrière

Skillnader i ålder och kön har inte längre någon distinkt social giltighet för arbetarklassen

Tous sont des instruments de travail, plus ou moins coûteux à utiliser, selon leur âge et leur sexe

Alla är arbetsmedel, mer eller mindre dyra att använda beroende på ålder och kön

dès que l'ouvrier reçoit son salaire en espèces, il est attaqué par les autres parties de la bourgeoisie

Så snart arbetaren får sin lön i kontanter, blir han påsatt av de andra delarna av bourgeoisin

le propriétaire, le commerçant, le prêteur sur gages, etc

hyresvärden, affärsinnehavaren, pantlånaren, etc

Les couches inférieures de la classe moyenne ; les petits commerçants et les commerçants

De lägre skikten av medelklassen; De små hantverkarna och affärsinnehavarna

les commerçants retraités en général, et les artisans et les paysans

de pensionerade köpmännen i allmänhet, och hantverkarna och bönderna

tout cela s'enfonce peu à peu dans le prolétariat

allt detta sjunker så småningom ner i proletariatet

en partie parce que leur petit capital ne suffit pas à l'échelle sur laquelle l'industrie moderne est exercée

Delvis därför att deras lilla kapital inte räcker till för den skala, i vilken storindustrin bedrivs

et parce qu'elle est submergée par la concurrence avec les grands capitalistes

Och därför att den är översvämmad i konkurrensen med de stora kapitalisterna

en partie parce que leur savoir-faire spécialisé est rendu sans valeur par les nouvelles méthodes de production
Delvis därför att deras specialskicklighet blir värdelös genom de nya produktionsmetoderna
Ainsi le prolétariat se recrute dans toutes les classes de la population
På så sätt rekryteras proletariatet från alla klasser av befolkningen
Le prolétariat passe par différents stades de développement
Proletariatet genomgår olika utvecklingsstadier
Avec sa naissance commence sa lutte contre la bourgeoisie
Med sin födelse börjar dess kamp mot bourgeoisin
Dans un premier temps, la lutte est menée par des ouvriers individuels
Till en början förs kampen av enskilda arbetare
Ensuite, le concours est mené par les ouvriers d'une usine
Sedan förs kampen av arbetarna på en fabrik
Ensuite, la lutte est menée par les agents d'un métier, dans une localité
Då förs kampen av arbetarna i en bransch, på en ort
et la lutte est alors contre la bourgeoisie individuelle qui les exploite directement
Kampen står då mot den enskilda bourgeoisin, som direkt exploaterar dem
Ils ne dirigent pas leurs attaques contre les conditions de production de la bourgeoisie
De riktar inte sina angrepp mot bourgeoisins produktionsförhållanden
mais ils dirigent leur attaque contre les instruments de production eux-mêmes
Men de riktar sitt angrepp mot själva produktionsinstrumenten
Ils détruisent les marchandises importées qui font concurrence à leur main-d'œuvre
De förstör importerade varor som konkurrerar med deras arbetskraft

Ils brisent les machines et mettent le feu aux usines
De slår sönder maskiner och sätter fabriker i brand
ils cherchent à restaurer par la force le statut disparu de l'ouvrier du Moyen Âge
De söker med våld återupprätta den förlorade ställningen för medeltidens arbetare
À ce stade, les ouvriers forment encore une masse incohérente dispersée dans tout le pays
På detta stadium bildar arbetarna ännu en osammanhängande massa, utspridd över hela landet
et ils sont brisés par leur concurrence mutuelle
och de bryts upp av sin ömsesidiga konkurrens
S'ils s'unissent quelque part pour former des corps plus compacts, ce n'est pas encore la conséquence de leur propre union active
Om de någonstans förenar sig för att bilda mer kompakta kroppar, så är detta ännu inte en konsekvens av deras egen aktiva förening
mais c'est une conséquence de l'union de la bourgeoisie, d'atteindre ses propres fins politiques
men den är en följd av bourgeoisins förening för att uppnå sina egna politiska mål
la bourgeoisie est obligée de mettre en mouvement tout le prolétariat
Bourgeoisin är tvungen att sätta hela proletariatet i rörelse
et d'ailleurs, pour un temps, la bourgeoisie est capable de le faire
och dessutom är bourgeoisin för närvarande i stånd att göra det
À ce stade, les prolétaires ne combattent donc pas leurs ennemis
På detta stadium bekämpar alltså proletärerna inte sina fiender
mais au lieu de cela, ils combattent les ennemis de leurs ennemis
Men i stället bekämpar de sina fienders fiender

La lutte contre les vestiges de la monarchie absolue et les propriétaires terriens

Kampen mot resterna av den absoluta monarkin och godsägarna

ils combattent la bourgeoisie non industrielle ; la petite bourgeoisie

de bekämpar den icke-industriella bourgeoisin; småbourgeoisin

Ainsi tout le mouvement historique est concentré entre les mains de la bourgeoisie

På så sätt är hela den historiska rörelsen koncentrerad i bourgeoisins händer

chaque victoire ainsi obtenue est une victoire pour la bourgeoisie

Varje seger som vunnits på detta sätt är en seger för bourgeoisin

Mais avec le développement de l'industrie, le prolétariat ne se contente pas d'augmenter en nombre

Men i och med industrins utveckling växer inte bara proletariatet i antal

le prolétariat se concentre en masses plus grandes et sa force s'accroît

Proletariatet koncentreras till större massor och dess styrka växer

et le prolétariat ressent de plus en plus cette force

Och proletariatet känner denna styrka mer och mer

Les divers intérêts et conditions de vie dans les rangs du prolétariat sont de plus en plus égalisés

De olika intressena och levnadsförhållandena inom proletariatets led blir mer och mer utjämnade

elles deviennent plus proportionnelles à mesure que les machines effacent toutes les distinctions de travail

De blir mer i proportion till att maskineriet utplånar alla skillnader i arbetet

et les machines réduisent presque partout les salaires au même bas niveau

Och maskinerna sänker nästan överallt lönerna till samma låga nivå

La concurrence croissante entre la bourgeoisie et les crises commerciales qui en résultent rendent les salaires des ouvriers de plus en plus fluctuants

Den växande konkurrensen inom bourgeoisin och de därav följande handelskriserna gör att arbetarnas löner blir allt mer fluktuerande

L'amélioration incessante des machines, qui se développe de plus en plus rapidement, rend leurs moyens d'existence de plus en plus précaires

Den oavbrutna förbättringen av maskinerna, som utvecklas allt snabbare, gör deras livsuppehälle mer och mer osäkert

les collisions entre les ouvriers individuels et la bourgeoisie individuelle prennent de plus en plus le caractère de collisions entre deux classes

Kollisionerna mellan de enskilda arbetarna och den enskilda bourgeoisin får mer och mer karaktären av kollisioner mellan två klasser

Là-dessus, les ouvriers commencent à former des associations (syndicats) contre la bourgeoisie

Därpå börjar arbetarna bilda sammanslutningar (fackföreningar) mot bourgeoisin

Ils s'associent pour maintenir le taux des salaires

De går samman för att hålla uppe lönerna

Ils fondèrent des associations permanentes afin de pourvoir à l'avance à ces révoltes occasionnelles

De bildade permanenta sammanslutningar för att i förväg förbereda för dessa tillfälliga revolter

Ici et là, la lutte éclate en émeutes

Här och där bryter striden ut i kravaller

De temps en temps, les ouvriers sont victorieux, mais seulement pour un temps

Då och då segrar arbetarna, men bara för en tid

Le vrai fruit de leurs luttes n'est pas dans le résultat immédiat, mais dans l'union toujours plus grande des travailleurs

Den verkliga frukten av deras kamp ligger inte i det omedelbara resultatet, utan i den ständigt expanderande föreningen mellan arbetarna

Cette union est favorisée par les moyens de communication améliorés créés par l'industrie moderne

Denna union får hjälp av de förbättrade kommunikationsmedel som den moderna industrin har skapat

La communication moderne met en contact les travailleurs de différentes localités les uns avec les autres

Modern kommunikation sätter arbetare på olika orter i kontakt med varandra

C'était précisément ce contact qui était nécessaire pour centraliser les nombreuses luttes locales en une lutte nationale entre les classes

Det var just denna kontakt som behövdes för att centralisera de talrika lokala kamperna till en nationell kamp mellan klasserna

Toutes ces luttes sont du même caractère, et toute lutte de classe est une lutte politique

Alla dessa kamper är av samma karaktär, och varje klasskamp är en politisk kamp

les bourgeois du moyen âge, avec leurs misérables routes, mettaient des siècles à former leurs syndicats

Medeltidens borgare, med sina eländiga landsvägar, behövde århundraden för att bilda sina förbund

Les prolétaires modernes, grâce aux chemins de fer, réalisent leurs syndicats en quelques années

De moderna proletärerna uppnår tack vare järnvägarna sina fackföreningar inom några få år

Cette organisation des prolétaires en classe les a donc formés en parti politique

Denna organisering av proletärerna till en klass formade dem följaktligen till ett politiskt parti

La classe politique est continuellement bouleversée par la concurrence entre les travailleurs eux-mêmes

Den politiska klassen blir ständigt upprörd på nytt genom konkurrensen mellan arbetarna själva

Mais la classe politique continue de se soulever, plus forte, plus ferme, plus puissante

Men den politiska klassen fortsätter att resa sig igen, starkare, fastare, mäktigare

Elle oblige la législation à reconnaître les intérêts particuliers des travailleurs

Den tvingar fram ett rättsligt erkännande av arbetstagarnas särskilda intressen

il le fait en profitant des divisions au sein de la bourgeoisie elle-même

Den gör detta genom att utnyttja splittringen inom bourgeoisin själv

C'est ainsi qu'en Angleterre fut promulguée la loi sur les dix heures

På så sätt blev tiotimmarslagen i England lag

à bien des égards, les collisions entre les classes de l'ancienne société sont en outre le cours du développement du prolétariat

På många sätt är kollisionerna mellan klasserna i det gamla samhället dessutom proletariatets utvecklingsväg

La bourgeoisie se trouve engagée dans une bataille de tous les instants

Bourgeoisin befinner sig i en ständig kamp

Dans un premier temps, il se trouvera impliqué dans une bataille constante avec l'aristocratie

Till en början kommer den att finna sig själv inblandad i en ständig kamp med aristokratin

plus tard, elle se trouvera engagée dans une lutte constante avec ces parties de la bourgeoisie elle-même

Senare kommer den att finna sig indragen i en ständig kamp
med dessa delar av bourgeoisin själv
**et leurs intérêts seront devenus antagonistes au progrès de
l'industrie**
Och deras intressen kommer att ha blivit antagonistiska mot
industrins framsteg
**à tout moment, leurs intérêts seront devenus antagonistes
avec la bourgeoisie des pays étrangers**
deras intressen kommer alltid att ha blivit antagonistiska mot
bourgeoisin i främmande länder
**Dans toutes ces batailles, elle se voit obligée de faire appel
au prolétariat et lui demande son aide**
I alla dessa strider ser den sig tvingad att vädja till
proletariatet och ber om dess hjälp
**Et ainsi, il se sentira obligé de l'entraîner dans l'arène
politique**
Och därför kommer den att känna sig tvingad att dra in den
på den politiska arenan
**C'est pourquoi la bourgeoisie elle-même fournit au
prolétariat ses propres instruments d'éducation politique et
générale**
Bourgeoisin själv förser därför proletariatet med sina egna
instrument för politisk och allmän skolning
**c'est-à-dire qu'il fournit au prolétariat des armes pour
combattre la bourgeoisie**
Den förser med andra ord proletariatet med vapen för att
bekämpa bourgeoisin
**De plus, comme nous l'avons déjà vu, des sections entières
des classes dominantes sont précipitées dans le prolétariat**
Vidare, som vi redan sett, störtas hela skikt av de härskande
klasserna in i proletariatet
le progrès de l'industrie les aspire dans le prolétariat
Industrins framåtskridande suger in dem i proletariatet
**ou, du moins, ils sont menacés dans leurs conditions
d'existence**
Eller åtminstone är de hotade under sina existensförhållanden

Ceux-ci fournissent également au prolétariat de nouveaux éléments d'illumination et de progrès
Dessa förser också proletariatet med nya element av upplysning och framåtskridande
Enfin, à l'approche de l'heure décisive de la lutte des classes
Slutligen, i tider då klasskampen närmar sig den avgörande timmen
le processus de dissolution en cours au sein de la classe dirigeante
Upplösningsprocessen som pågår inom den härskande klassen
En fait, la dissolution en cours au sein de la classe dirigeante se fera sentir dans toute la société
Faktum är att den upplösning som pågår inom den härskande klassen kommer att märkas i hela samhället
Il prendra un caractère si violent et si flagrant qu'une petite partie de la classe dirigeante se laissera aller à la dérive
Den kommer att anta en så våldsam, iögonfallande karaktär att en liten del av den härskande klassen bryter sig loss
et que la classe dirigeante rejoindra la classe révolutionnaire
Och den härskande klassen kommer att ansluta sig till den revolutionära klassen
La classe révolutionnaire étant la classe qui tient l'avenir entre ses mains
Den revolutionära klassen är den klass som håller framtiden i sina händer
Comme à une époque antérieure, une partie de la noblesse passa dans la bourgeoisie
Precis som tidigare gick en del av adeln över till bourgeoisin
de la même manière qu'une partie de la bourgeoisie passera au prolétariat
på samma sätt kommer en del av bourgeoisin att gå över till proletariatet
en particulier, une partie de la bourgeoisie passera à une partie des idéologues de la bourgeoisie

I synnerhet kommer en del av bourgeoisin att gå över till en del av bourgeoisins ideologer

Des idéologues bourgeois qui se sont élevés au niveau de la compréhension théorique du mouvement historique dans son ensemble

Borgerliga ideologer, som höjt sig till den nivå där de teoretiskt förstår den historiska rörelsen i dess helhet.

De toutes les classes qui se trouvent aujourd'hui en face de la bourgeoisie, seule le prolétariat est une classe vraiment révolutionnaire

Av alla de klasser, som i dag står ansikte mot ansikte med bourgeoisin, är proletariatet ensamt en verkligt revolutionär klass

Les autres classes se dégradent et finissent par disparaître devant l'industrie moderne

De andra klasserna förfaller och försvinner slutligen inför storindustrin

le prolétariat est son produit spécial et essentiel

Proletariatet är dess speciella och väsentliga produkt

La petite bourgeoisie, le petit industriel, le commerçant, l'artisan, le paysan

Den lägre medelklassen, den lilla fabrikanten, butiksägaren, hantverkaren, bonden

toutes ces luttes contre la bourgeoisie

alla dessa strider mot bourgeoisin

Ils se battent en tant que fractions de la classe moyenne pour se sauver de l'extinction

De kämpar som fraktioner av medelklassen för att rädda sig själva från utrotning

Ils ne sont donc pas révolutionnaires, mais conservateurs

De är därför inte revolutionära, utan konservativa

Bien plus, ils sont réactionnaires, car ils essaient de faire reculer la roue de l'histoire

Än mer, de är reaktionära, ty de försöker rulla tillbaka historiens hjul

Si par hasard ils sont révolutionnaires, ils ne le sont qu'en vue de leur transfert imminent dans le prolétariat
Om de händelsevis är revolutionära, så är de det endast med tanke på sin förestående övergång till proletariatet
Ils défendent ainsi non pas leurs intérêts présents, mais leurs intérêts futurs
På så sätt försvarar de inte sina nuvarande utan sina framtida intressen
ils désertent leur propre point de vue pour se placer à celui du prolétariat
de överger sin egen ståndpunkt för att ställa sig på proletariatets ståndpunkt
La « classe dangereuse », la racaille sociale, cette masse en décomposition passive rejetée par les couches les plus basses de la vieille société
Den "farliga klassen", det sociala avskummet, denna passivt ruttnande massa som kastats av det gamla samhällets lägsta skikt
Ils peuvent, ici et là, être entraînés dans le mouvement par une révolution prolétarienne
De kan här och där svepas in i rörelsen av en proletär revolution
Ses conditions de vie, cependant, le préparent beaucoup plus au rôle d'instrument soudoyé de l'intrigue réactionnaire
Men dess levnadsförhållanden förbereder den i mycket högre grad för rollen som mutat verktyg för reaktionära intriger
Dans les conditions du prolétariat, ceux de l'ancienne société dans son ensemble sont déjà virtuellement submergés
Under proletariatets förhållanden är det gamla samhällets förhållanden i stort redan praktiskt taget översvämmat
Le prolétaire est sans propriété
Proletären är utan egendom
ses rapports avec sa femme et ses enfants n'ont plus rien de commun avec les relations familiales de la bourgeoisie

Hans förhållande till hustru och barn har inte längre något
gemensamt med bourgeoisins familjeförhållanden
**le travail industriel moderne, la sujétion moderne au capital,
la même en Angleterre qu'en France, en Amérique comme
en Allemagne**
Det moderna industriarbetet, den moderna underkastelsen
under kapitalet, detsamma i England som i Frankrike, i
Amerika som i Tyskland
**Sa condition dans la société l'a dépouillé de toute trace de
caractère national**
Hans ställning i samhället har berövat honom varje spår av
nationalkaraktär
**La loi, la morale, la religion, sont pour lui autant de préjugés
bourgeois**
Lagen, sedligheten, religionen äro för honom så många
fördomar om bourgeoisin
**et derrière ces préjugés se cachent en embuscade autant
d'intérêts bourgeois**
Och bakom dessa fördomar lurar i bakhåll lika många
borgerliga intressen
**Toutes les classes précédentes, qui ont pris le dessus, ont
cherché à fortifier leur statut déjà acquis**
Alla de föregående klasserna, som fick övertaget, försökte
befästa sin redan förvärvade ställning
**Ils l'ont fait en soumettant la société dans son ensemble à
leurs conditions d'appropriation**
De gjorde detta genom att underkasta samhället i stort sina
villkor för tillägnelse
**Les prolétaires ne peuvent pas devenir maîtres des forces
productives de la société**
Proletärerna kan inte bli herrar över samhällets
produktivkrafter
**elle ne peut le faire qu'en abolissant son propre mode
d'appropriation antérieur**
Den kan bara göra detta genom att avskaffa sitt eget tidigare
sätt att tillägna sig

et par là même elle abolit tout autre mode d'appropriation antérieur

Och därmed upphäver den också varje annan hittillsvarande tillägnelseform

Ils n'ont rien à eux pour s'assurer et se fortifier

De har inget eget att säkra och befästa

Leur mission est de détruire toutes les sûretés antérieures et les assurances de biens individuels

Deras uppdrag är att förstöra alla tidigare säkerheter för, och försäkringar för, enskild egendom

Tous les mouvements historiques antérieurs étaient des mouvements de minorités

Alla tidigare historiska rörelser var förflyttningar av minoriteter

ou bien il s'agissait de mouvements dans l'intérêt des minorités

Eller så var de rörelser i minoriteters intresse

Le mouvement prolétarien est le mouvement conscient et indépendant de l'immense majorité

Den proletära rörelsen är den oerhörda majoritetens självmedvetna, oavhängiga rörelse

Et c'est un mouvement dans l'intérêt de l'immense majorité

Och det är en rörelse i den överväldigande majoritetens intresse

Le prolétariat, couche la plus basse de notre société actuelle

Proletariatet, det lägsta skiktet i vårt nuvarande samhälle

elle ne peut ni s'agiter ni s'élever sans que toutes les couches supérieures de la société officielle ne soient soulevées en l'air

Den kan inte röra om eller höja sig själv utan att hela det officiella samhällets överliggande skikt kastas upp i luften

Loin d'être dans le fond, mais dans la forme, la lutte du prolétariat contre la bourgeoisie est d'abord une lutte nationale

Proletariatets kamp mot bourgeoisin är till en början en
nationell kamp, även om den inte är till innehållet, men ändå
inte till formen,

**Le prolétariat de chaque pays doit, bien entendu, régler
d'abord ses affaires avec sa propre bourgeoisie**

Proletariatet i varje land måste naturligtvis först och främst
göra upp med sin egen bourgeoisi

**En décrivant les phases les plus générales du
développement du prolétariat, nous avons retracé la guerre
civile plus ou moins voilée**

När vi skildrade de mest allmänna faserna i proletariatets
utveckling, spårade vi det mer eller mindre beslöjade
inbördeskriget

Ce civil fait rage au sein de la société existante

Detta civila rasar i det existerande samhället

**Elle fera rage jusqu'au point où cette guerre éclatera en
révolution ouverte**

Den kommer att rasa till den punkt där kriget bryter ut i en
öppen revolution

**et alors le renversement violent de la bourgeoisie jette les
bases de l'emprise du prolétariat**

Och då lägger bourgeoisins våldsamma störtande grunden för
proletariatets herravälde

**Jusqu'à présent, toute forme de société a été fondée, comme
nous l'avons déjà vu, sur l'antagonisme des classes
oppressives et opprimées**

Hittills har varje samhällsform grundat sig, som vi redan sett,
på motsättningen mellan förtryckande och förtryckta klasser

**Mais pour opprimer une classe, il faut lui assurer certaines
conditions**

Men för att förtrycka en klass måste man tillförsäkra den vissa
betingelser

**La classe doit être maintenue dans des conditions dans
lesquelles elle peut, au moins, continuer son existence
servile**

Klassen måste hållas under sådana betingelser, att den åtminstone kan fortsätta sin slaviska existens

Le serf, à l'époque du servage, s'élevait lui-même au rang d'adhérent à la commune

Den livegne höjde sig under livegenskapens period till medlemskap i kommunen

de même que la petite bourgeoisie, sous le joug de l'absolutisme féodal, a réussi à se développer en bourgeoisie

på samma sätt som småbourgeoisin under det feodala absolutismens ok lyckades utvecklas till en bourgeoisi

L'ouvrier moderne, au contraire, au lieu de s'élever avec les progrès de l'industrie, s'enfonce de plus en plus profondément

Den moderne arbetaren däremot sjunker allt djupare i stället för att stiga med industrins framsteg

il s'enfonce au-dessous des conditions d'existence de sa propre classe

Han sjunker under sin egen klass' existensbetingelser

Il devient pauvre, et le paupérisme se développe plus rapidement que la population et la richesse

Han blir en fattiglapp, och fattigdomen utvecklas snabbare än befolkning och rikedom

Et c'est là qu'il devient évident que la bourgeoisie n'est plus apte à être la classe dominante dans la société

Och här visar det sig, att bourgeoisin inte längre är lämplig att vara den härskande klassen i samhället

et elle n'est pas digne d'imposer ses conditions d'existence à la société comme une loi prépondérante

Och den är olämplig att påtvinga samhället dess existensvillkor som en överordnad lag

Il est inapte à gouverner parce qu'il est incompétent pour assurer une existence à son esclave dans son esclavage

Den är olämplig att härska, eftersom den är oförmögen att tillförsäkra sin slav en existens i hans slaveri

parce qu'il ne peut s'empêcher de le laisser sombrer dans un tel état, qu'il doit le nourrir, au lieu d'être nourri par lui

Därför att den inte kan hjälpa att den låter honom sjunka ner i ett sådant tillstånd, att den måste mata honom, i stället för att bli matad av honom

La société ne peut plus vivre sous cette bourgeoisie

Samhället kan inte längre leva under denna bourgeoisi

En d'autres termes, son existence n'est plus compatible avec la société

Med andra ord är dess existens inte längre förenlig med samhället

La condition essentielle de l'existence et de l'influence de la classe bourgeoise est la formation et l'accroissement du capital

Den väsentliga betingelsen för bourgeoisins existens och herravälde är kapitalets bildning och tillväxt

La condition du capital, c'est le salariat-travail

Kapitalets betingelse är lönearbete

Le travail salarié repose exclusivement sur la concurrence entre les travailleurs

Lönearbetet vilar uteslutande på konkurrensen mellan arbetarna

Le progrès de l'industrie, dont le promoteur involontaire est la bourgeoisie, remplace l'isolement des ouvriers

Industrins framåtskridande, vars ofrivilliga främjare är bourgeoisin, ersätter arbetarnas isolering

en raison de la concurrence, en raison de leur combinaison révolutionnaire, en raison de l'association

på grund av konkurrensen, på grund av deras revolutionära kombination, på grund av associationen

Le développement de l'industrie moderne lui coupe sous les pieds les fondements mêmes sur lesquels la bourgeoisie produit et s'approprie les produits

Storindustrins utveckling rycker undan under dess fötter själva grundvalen, på vilken bourgeoisin producerar och tillägnar sig produkter

Ce que la bourgeoisie produit avant tout, ce sont ses propres fossoyeurs

Vad bourgeoisin framför allt producerar är sina egna dödgrävare

La chute de la bourgeoisie et la victoire du prolétariat sont également inévitables

Bourgeoisins fall och proletariatets seger är lika oundvikliga

Prolétaires et communistes
Proletärer och kommunister

Quel est le rapport des communistes vis-à-vis de l'ensemble des prolétaires ?
I vilket förhållande står kommunisterna till proletärerna i dess helhet?
Les communistes ne forment pas un parti séparé opposé aux autres partis de la classe ouvrière
Kommunisterna bildar inte ett särskilt parti som står i motsättning till andra arbetarpartier
Ils n'ont pas d'intérêts séparés de ceux du prolétariat dans son ensemble
De har inga intressen som är skilda från proletariatet som helhet
Ils n'établissent pas de principes sectaires qui leur soient propres pour façonner et modeler le mouvement prolétarien
De ställer inte upp några egna sekteristiska principer, efter vilka de kan forma och forma den proletära rörelsen
Les communistes ne se distinguent des autres partis ouvriers que par deux choses
Kommunisterna skiljer sig från de övriga arbetarpartierna endast genom två saker
Premièrement, ils signalent et mettent en avant les intérêts communs de l'ensemble du prolétariat, indépendamment de toute nationalité
För det första framhäver de hela proletariatets gemensamma intressen och ställer dem i förgrunden, oberoende av varje nationalitet
C'est ce qu'ils font dans les luttes nationales des prolétaires des différents pays
Detta gör de i de olika ländernas proletärers nationella kamp
Deuxièmement, ils représentent toujours et partout les intérêts du mouvement dans son ensemble
För det andra företräder de alltid och överallt hela rörelsens intressen

c'est ce qu'ils font dans les différents stades de
développement par lesquels doit passer la lutte de la classe
ouvrière contre la bourgeoisie
Detta gör de under de olika utvecklingsstadier, som
arbetarklassens kamp mot bourgeoisin måste genomgå
Les communistes sont donc, d'une part, pratiquement, la
section la plus avancée et la plus résolue des partis ouvriers
de tous les pays
Kommunisterna är därför å ena sidan praktiskt taget den mest
avancerade och beslutsamma delen av arbetarpartierna i varje
land
Ils sont cette section de la classe ouvrière qui pousse en
avant toutes les autres
De är den del av arbetarklassen som driver fram alla andra
Théoriquement, ils ont aussi l'avantage de bien comprendre
la ligne de marche
Teoretiskt sett har de också fördelen av att tydligt förstå
marschlinjen
C'est ce qu'ils comprennent mieux par rapport à la grande
masse du prolétariat
Detta förstår de bättre jämfört med den stora massan av
proletariatet
Ils comprennent les conditions et les résultats généraux
ultimes du mouvement prolétarien
De förstår den proletära rörelsens betingelser och allmänna
slutresultat
Le but immédiat du Parti communiste est le même que celui
de tous les autres partis prolétariens
Kommunisternas omedelbara mål är detsamma som alla
andra proletära partiers
Leur but est la formation du prolétariat en classe
Deras mål är att forma proletariatet till en klass
ils visent à renverser la suprématie de la bourgeoisie
de strävar efter att störta bourgeoisins överhöghet
la conquête du pouvoir politique par le prolétariat
Strävan efter proletariatets erövring av den politiska makten

Les conclusions théoriques des communistes ne sont nullement basées sur des idées ou des principes de réformateurs

Kommunisternas teoretiska slutsatser är på intet sätt grundade på reformatorernas idéer eller principer

ce ne sont pas des prétendus réformateurs universels qui ont inventé ou découvert les conclusions théoriques des communistes

Det var inte så kallade universella reformatorer som uppfann eller upptäckte kommunisternas teoretiska slutsatser

Ils ne font qu'exprimer, en termes généraux, des rapports réels qui naissent d'une lutte de classe existante

De uttrycker bara i allmänna ordalag de verkliga förhållanden, som uppstår ur den existerande klasskampen

Et ils décrivent le mouvement historique qui se déroule sous nos yeux et qui a créé cette lutte des classes

Och de beskriver den historiska rörelse som pågår mitt framför ögonen på oss och som har skapat denna klasskamp

L'abolition des rapports de propriété existants n'est pas du tout un trait distinctif du communisme

Avskaffandet av de existerande egendomsförhållandena är inte alls något utmärkande drag för kommunismen

Dans le passé, toutes les relations de propriété ont été continuellement sujettes à des changements historiques

Alla egendomsförhållanden har i det förflutna ständigt varit underkastade historiska förändringar

et ces changements ont été consécutifs au changement des conditions historiques

Dessa förändringar var en följd av förändringen i de historiska förhållandena

La Révolution française, par exemple, a aboli la propriété féodale au profit de la propriété bourgeoise

Den franska revolutionen avskaffade t.ex. den feodala egendomen till förmån för bourgeoisins egendom

Le trait distinctif du communisme n'est pas l'abolition de la propriété, en général

Det utmärkande draget för kommunismen är inte
avskaffandet av egendomen i allmänhet
mais le trait distinctif du communisme, c'est l'abolition de la
propriété bourgeoise
Men kommunismens utmärkande drag är avskaffandet av
bourgeoisins egendom
Mais la propriété privée de la bourgeoisie moderne est
l'expression ultime et la plus complète du système de
production et d'appropriation des produits
Men den moderna bourgeoisins privategendom är det slutliga
och mest fulländade uttrycket för systemet för produktion och
tillägnelse av produkter
C'est l'état final d'un système basé sur les antagonismes de
classe, où l'antagonisme de classe est l'exploitation du plus
grand nombre par quelques-uns
Det är sluttillståndet för ett system som är baserat på
klassmotsättningar, där klassantagonismen är att de många
exploateras av ett fåtal
En ce sens, la théorie des communistes peut se résumer en
une seule phrase ; l'abolition de la propriété privée
I denna mening kan kommunisternas teori sammanfattas i en
enda mening; Avskaffandet av den privata egendomen
On nous a reproché, à nous communistes, de vouloir abolir
le droit d'acquérir personnellement des biens
Vi kommunister har förebråtts för att vilja avskaffa rätten att
personligen förvärva egendom
On prétend que cette propriété est le fruit du travail de
l'homme
Det påstås att denna egendom är frukten av en människas eget
arbete
et cette propriété est censée être le fondement de toute
liberté, de toute activité et de toute indépendance
individuelles.
Och denna egendom påstås vara grunden för all personlig
frihet, aktivitet och oberoende.
« Propriété durement gagnée, auto-acquise, auto-gagnée ! »

"Hårt vunnen, självförvärvad, självförtjänad egendom!"
Voulez-vous dire la propriété du petit artisan et du petit paysan ?
Menar ni småhantverkarens och småbondens egendom?
Voulez-vous parler d'une forme de propriété qui a précédé la forme bourgeoise ?
Menar ni en egendomsform, som föregick bourgeoisins form?
Il n'est pas nécessaire de l'abolir, le développement de l'industrie l'a déjà détruit dans une large mesure
Det finns ingen anledning att avskaffa detta, industrins utveckling har till stor del redan förstört den
et le développement de l'industrie continue de la détruire chaque jour
Och industrins utveckling förstör den fortfarande dagligen
Ou voulez-vous parler de la propriété privée de la bourgeoisie moderne ?
Eller menar ni den moderna bourgeoisins privategendom?
Mais le travail salarié crée-t-il une propriété pour l'ouvrier ?
Men skapar lönarbetet någon egendom för arbetaren?
Non, le travail salarié ne crée pas une parcelle de ce genre de propriété !
Nej, lönarbetet skapar inte ett enda stycke av denna egendom!
Ce que le travail salarié crée, c'est du capital ; ce genre de propriété qui exploite le travail salarié
Vad lönarbetet däremot skapar är kapital; den sorts egendom som exploaterar lönarbetet
Le capital ne peut s'accroître qu'à la condition d'engendrer une nouvelle offre de travail salarié pour une nouvelle exploitation
Kapitalet kan inte växa annat än under förutsättning att det frambringar ett nytt utbud av lönarbete för ny exploatering
La propriété, dans sa forme actuelle, est fondée sur l'antagonisme du capital et du salariat
Egendomen i sin nuvarande form är grundad på motsättningen mellan kapital och lönarbete

Examinons les deux côtés de cet antagonisme
Låt oss undersöka båda sidorna av denna antagonism
Être capitaliste, ce n'est pas seulement avoir un statut purement personnel
Att vara kapitalist är inte bara att ha en rent personlig status
Au contraire, être capitaliste, c'est aussi avoir un statut social dans la production
Att vara kapitalist är istället att också ha en social status i produktionen
parce que le capital est un produit collectif ; Ce n'est que par l'action unie de nombreux membres qu'elle peut être mise en branle
därför att kapitalet är en kollektiv produkt; Endast genom en enad aktion av många medlemmar kan den sättas i rörelse
Mais cette action unie n'est qu'un dernier recours, et nécessite en fait tous les membres de la société
Men denna enade aktion är en sista utväg och kräver i själva verket alla samhällsmedlemmar
Le capital est converti en propriété de tous les membres de la société
Kapitalet förvandlas till alla samhällsmedlemmars egendom
mais le Capital n'est donc pas une puissance personnelle ; c'est un pouvoir social
men Kapitalet är därför inte en personlig makt; Det är en social makt
Ainsi, lorsque le capital est converti en propriété sociale, la propriété personnelle n'est pas pour autant transformée en propriété sociale
När alltså kapitalet förvandlas till samhällelig egendom, förvandlas därmed inte den personliga egendomen till samhällelig egendom
Ce n'est que le caractère social de la propriété qui est modifié et qui perd son caractère de classe
Det är endast egendomens samhälleliga karaktär som förändras och förlorar sin klasskaraktär
Regardons maintenant le travail salarié

Låt oss nu se på lönearbetet

Le prix moyen du salariat est le salaire minimum, c'est-à-dire le quantum des moyens de subsistance

Lönarbetets genomsnittspris är minimilönen, d.v.s. mängden livsförnödenheter

Ce salaire est absolument nécessaire dans la simple existence d'un ouvrier

Denna lön är absolut nödvändig för att kunna existera som arbetare

Ce que le salarié s'approprie par son travail ne suffit donc qu'à prolonger et à reproduire une existence nue

Vad lönarbetaren tillägnar sig genom sitt arbete, är alltså bara tillräckligt för att förlänga och reproducera en ren existens

Nous n'avons nullement l'intention d'abolir cette appropriation personnelle des produits du travail

Vi har ingalunda för avsikt att avskaffa denna personliga tillägnelse av arbetets produkter

une appropriation qui est faite pour le maintien et la reproduction de la vie humaine

ett anslag som görs för underhåll och reproduktion av mänskligt liv

Une telle appropriation personnelle des produits du travail ne laisse pas de surplus pour commander le travail d'autrui

En sådan personlig tillägnelse av arbetsprodukterna lämnar inget överskott, varmed det kan kommendera andras arbete

Tout ce que nous voulons supprimer, c'est le caractère misérable de cette appropriation

Det enda vi vill göra oss av med är den eländiga karaktären av detta tillägnande

l'appropriation dont vit l'ouvrier dans le seul but d'augmenter son capital

den tillägnelse, under vilken arbetaren lever blott för att öka kapitalet

Il n'est autorisé à vivre que dans la mesure où l'intérêt de la classe dominante l'exige

Han får bara leva i den mån det ligger i den härskande
klassens intresse

**Dans la société bourgeoise, le travail vivant n'est qu'un
moyen d'augmenter le travail accumulé**

I det borgerliga samhället är det levande arbetet endast ett
medel att öka det ackumulerade arbetet

**Dans la société communiste, le travail accumulé n'est qu'un
moyen d'élargir, d'enrichir, de promouvoir l'existence de
l'ouvrier**

I det kommunistiska samhället är det ackumulerade arbetet
endast ett medel att utvidga, berika och befordra arbetarens
existens

**C'est pourquoi, dans la société bourgeoise, le passé domine
le présent**

I det borgerliga samhället behärskar därför det förflutna det
närvarande

dans la société communiste, le présent domine le passé

I det kommunistiska samhället dominerar nuet över det
förflutna

**Dans la société bourgeoise, le capital est indépendant et a
une individualité**

I bourgeoisin är kapitalet oavhängigt och har individualitet

**Dans la société bourgeoise, la personne vivante est
dépendante et n'a pas d'individualité**

I det borgerliga samhället är den levande människan avhängig
och har ingen individualitet

**Et l'abolition de cet état de choses est appelée par la
bourgeoisie l'abolition de l'individualité et de la liberté !**

Och avskaffandet av detta sakernas tillstånd kallas av
bourgeoisin för avskaffande av individualiteten och friheten!

**Et c'est à juste titre qu'on l'appelle l'abolition de
l'individualité et de la liberté !**

Och det kallas med rätta avskaffandet av individualitet och
frihet!

**Le communisme vise à l'abolition de l'individualité
bourgeoise**

Kommunismen strävar efter att avskaffa bourgeoisins individualitet

Le communisme veut l'abolition de l'indépendance de la bourgeoisie

Kommunismen strävar efter att avskaffa bourgeoisins självständighet

La liberté de la bourgeoisie est sans aucun doute ce que vise le communisme

Bourgeoisins frihet är otvivelaktigt vad kommunismen strävar efter

dans les conditions actuelles de production de la bourgeoisie, la liberté signifie le libre-échange, la liberté de vendre et d'acheter

Under de nuvarande produktionsförhållandena betyder frihet fri handel, fri försäljning och fritt köp

Mais si la vente et l'achat disparaissent, la vente et l'achat gratuits disparaissent également

Men om säljandet och köpandet försvinner, försvinner också det fria säljandet och köpandet

Les « paroles courageuses » de la bourgeoisie sur la vente et l'achat libres n'ont qu'un sens limité

Bourgeoisins "modiga ord" om fri försäljning och köp har bara betydelse i begränsad bemärkelse

Ces mots n'ont de sens que par opposition à la vente et à l'achat restreints

Dessa ord har betydelse endast i motsats till begränsad försäljning och köp

et ces mots n'ont de sens que lorsqu'ils s'appliquent aux marchands enchaînés du moyen âge

Dessa ord har betydelse endast när de tillämpas på medeltidens fjättrade köpmän

et cela suppose que ces mots aient même un sens dans un sens bourgeois

och detta förutsätter att dessa ord till och med har betydelse i borgerlig mening

mais ces mots n'ont aucun sens lorsqu'ils sont utilisés pour s'opposer à l'abolition communiste de l'achat et de la vente
Men dessa ord har ingen betydelse när de används för att motsätta sig det kommunistiska avskaffandet av köp och försäljning
les mots n'ont pas de sens lorsqu'ils sont utilisés pour s'opposer à l'abolition des conditions de production de la bourgeoisie
Orden har ingen betydelse när de används för att motsätta sig att bourgeoisins produktionsvillkor avskaffas
et ils n'ont aucun sens lorsqu'ils sont utilisés pour s'opposer à l'abolition de la bourgeoisie elle-même
och de har ingen mening när de används för att motsätta sig att bourgeoisin själv avskaffas
Vous êtes horrifiés par notre intention d'en finir avec la propriété privée
Ni är förfärade över att vi har för avsikt att göra oss av med den privata egendomen
Mais dans votre société actuelle, la propriété privée est déjà abolie pour les neuf dixièmes de la population
Men i ert nuvarande samhälle är privategendomen redan avskaffad för nio tiondelar av befolkningen
L'existence d'une propriété privée pour quelques-uns est uniquement due à sa non-existence entre les mains des neuf dixièmes de la population
Existensen av privat egendom för ett fåtal beror enbart på att den inte existerar i händerna på nio tiondelar av befolkningen
Vous nous reprochez donc d'avoir l'intention de supprimer une forme de propriété
Ni förebrår oss därför för att vilja avskaffa en form av egendom
Mais la propriété privée nécessite l'inexistence de toute propriété pour l'immense majorité de la société
Men privategendomen nödvändiggör att det för den överväldigande majoriteten i samhället inte finns någon som helst egendom

En un mot, vous nous reprochez d'avoir l'intention de vous débarrasser de vos biens

Med ett ord: Ni förebrår oss för att vilja göra oss av med er egendom

Et c'est précisément le cas ; se débarrasser de votre propriété est exactement ce que nous avons l'intention de faire

Och det är precis så; Att göra sig av med din egendom är precis vad vi avser

À partir du moment où le travail ne peut plus être converti en capital, en argent ou en rente

Från det ögonblick, då arbetet inte längre kan förvandlas till kapital, pengar eller jordränta

quand le travail ne peut plus être converti en un pouvoir social monopolisé

när arbetet inte längre kan förvandlas till en samhällelig makt som kan monopoliseras

à partir du moment où la propriété individuelle ne peut plus être transformée en propriété bourgeoise

från det ögonblick, då den enskilda egendomen inte längre kan förvandlas till bourgeoisins egendom

à partir du moment où la propriété individuelle ne peut plus être transformée en capital

från det ögonblick, då den individuella egendomen inte längre kan förvandlas till kapital

À partir de ce moment-là, vous dites que l'individualité s'évanouit

Från det ögonblicket säger du att individualiteten försvinner

Vous devez donc avouer que par « individu » vous n'entendez personne d'autre que la bourgeoisie

Ni måste därför erkänna, att ni med "individ" inte menar någon annan än bourgeoisin

Vous devez avouer qu'il s'agit spécifiquement du propriétaire de la classe moyenne

Du måste erkänna att det specifikt hänvisar till medelklassens ägare av egendom

Cette personne doit, en effet, être balayée et rendue
impossible
Denna person måste sannerligen sopas ur vägen och göras
omöjlig
Le communisme ne prive personne du pouvoir de
s'approprier les produits de la société
Kommunismen berövar ingen människa förmågan att tillägna
sig samhällets produkter
tout ce que fait le communisme, c'est de le priver du pouvoir
de subjuguer le travail d'autrui au moyen d'une telle
appropriation
Det enda kommunismen gör är att beröva honom förmågan
att underkuva andras arbete genom sådan tillägnelse
On a objecté qu'avec l'abolition de la propriété privée, tout
travail cesserait
Man har invänt, att om privategendomen avskaffas kommer
allt arbete att upphöra
et il est alors suggéré que la paresse universelle nous
rattrapera
Och det antyds då att den universella lättjan kommer att ta
överhanden
D'après cela, il y a longtemps que la société bourgeoise
aurait dû aller aux chiens par pure oisiveté
Enligt detta borde det borgerliga samhället för länge sedan ha
gått under av ren lättja
parce que ceux de ses membres qui travaillent, n'acquièrent
rien
ty de av dess medlemmar som arbetar, förvärvar ingenting
et ceux de ses membres qui acquièrent quoi que ce soit, ne
travaillent pas
och de av dess medlemmar som förvärvar något, arbetar inte
L'ensemble de cette objection n'est qu'une autre expression
de la tautologie
Hela denna invändning är bara ett annat uttryck för tautologin
Il ne peut plus y avoir de travail salarié quand il n'y a plus
de capital

Det kan inte längre finnas något lönarbete, när det inte längre finns något kapital

Il n'y a pas de différence entre les produits matériels et les produits mentaux

Det är ingen skillnad mellan materiella produkter och mentala produkter

Le communisme propose que les deux soient produits de la même manière

Kommunismen föreslår att båda dessa produceras på samma sätt

mais les objections contre les modes communistes de production sont les mêmes

Men invändningarna mot de kommunistiska produktionssätten är desamma

pour la bourgeoisie, la disparition de la propriété de classe est la disparition de la production elle-même

För bourgeoisin är klassegendomens försvinnande detsamma som själva produktionens försvinnande

Ainsi, la disparition de la culture de classe est pour lui identique à la disparition de toute culture

Klasskulturens försvinnande är alltså för honom detsamma som all kulturs försvinnande

Cette culture, dont il déplore la perte, n'est pour l'immense majorité qu'un simple entraînement à agir comme une machine

Denna kultur, vars förlust han beklagar, är för det överväldigande flertalet bara en träning i att agera som en maskin

Les communistes ont bien l'intention d'abolir la culture de la propriété bourgeoise

Kommunisterna har i hög grad för avsikt att avskaffa den borgerliga egendomens kultur

Mais ne vous querellez pas avec nous tant que vous appliquez les normes de vos notions bourgeoises de liberté, de culture, de droit, etc

Men gräla inte med oss, så länge ni tillämpar måttstocken för
er bourgeoisi, föreställningar om frihet, kultur, lag o.s.v

**Vos idées mêmes ne sont que le résultat des conditions de
votre production bourgeoise et de la propriété bourgeoise**
Själva era idéer är bara en följd av betingelserna för er
bourgeoisiproduktion och bourgeoisiegendom

**de même que votre jurisprudence n'est que la volonté de
votre classe érigée en loi pour tous**
På samma sätt som er rättsvetenskap endast är er klass' vilja
gjord till en lag för alla

**Le caractère essentiel et l'orientation de cette volonté sont
déterminés par les conditions économiques créées par votre
classe sociale**
Den väsentliga karaktären och inriktningen av denna vilja
bestäms av de ekonomiska betingelser som er samhällsklass
skapar

**L'idée fausse égoïste qui vous pousse à transformer les
formes sociales en lois éternelles de la nature et de la raison**
Den själviska missuppfattning som förmår dig att förvandla
sociala former till eviga natur- och förnuftslagar

**les formes sociales qui découlent de votre mode de
production et de votre forme de propriété actuels**
de samhälleliga former, som framspringer ur ert nuvarande
produktionssätt och egendomsform

**des rapports historiques qui naissent et disparaissent dans le
progrès de la production**
Historiska förhållanden, som uppstår och försvinner under
produktionens gång

**cette idée fausse que vous partagez avec toutes les classes
dirigeantes qui vous ont précédés**
Denna missuppfattning delar ni med varje härskande klass
som har föregått er

**Ce que vous voyez clairement dans le cas de la propriété
ancienne, ce que vous admettez dans le cas de la propriété
féodale**

Vad ni ser klart i fråga om den antika egendomen, vad ni erkänner i fråga om den feodala egendomen

ces choses, il vous est bien entendu interdit de les admettre dans le cas de votre propre forme de propriété bourgeoise

Detta är ni naturligtvis förbjudna att erkänna i fråga om er egen bourgeoisi, som egendomsform

Abolition de la famille ! Même les plus radicaux s'enflamment devant cette infâme proposition des communistes

Avskaffande av familjen! Till och med de mest radikala blir upprörda över detta skändliga förslag från kommunisterna

Sur quelle base se fonde la famille actuelle, la famille bourgeoise ?

På vilken grundval vilar den nuvarande familjen, bourgeoisifamiljen?

La fondation de la famille actuelle est basée sur le capital et le gain privé

Grunden för den nuvarande familjen bygger på kapital och privat vinning

Sous sa forme complètement développée, cette famille n'existe que dans la bourgeoisie

I sin fullt utvecklade form existerar denna familj endast inom bourgeoisin

Cet état de choses trouve son complément dans l'absence pratique de la famille chez les prolétaires

Detta sakernas tillstånd finner sin motsvarighet i den praktiska frånvaron av familjen bland proletärerna

Cet état de choses se retrouve dans la prostitution publique

Detta sakernas tillstånd återfinns i den offentliga prostitutionen

La famille bourgeoise disparaîtra d'office quand son effectif disparaîtra

Bourgeoisifamiljen kommer att försvinna som en självklarhet, när dess komplement försvinner

et l'une et l'autre s'évanouiront avec la disparition du capital

Och båda dessa kommer att försvinna med kapitalets
försvinnande

**Nous accusez-vous de vouloir mettre fin à l'exploitation des
enfants par leurs parents ?**

Anklagar ni oss för att vilja stoppa föräldrarnas utnyttjande av
barn?

Nous plaidons coupables de ce crime

Vi erkänner oss skyldiga till detta brott

**Mais, direz-vous, on détruit les relations les plus sacrées,
quand on remplace l'éducation à domicile par l'éducation
sociale**

Men, kommer ni att säga, vi förstör de heligaste av relationer,
när vi ersätter hemuppfostran med social uppfostran

**Votre éducation n'est-elle pas aussi sociale ? Et n'est-elle pas
déterminée par les conditions sociales dans lesquelles vous
éduquez ?**

Är inte din utbildning också social? Och bestäms den inte av
de sociala förhållanden under vilka ni utbildar er?

**par l'intervention, directe ou indirecte, de la société, par le
biais de l'école, etc.**

genom direkt eller indirekt ingripande av samhället, genom
skolor o.s.v.

**Les communistes n'ont pas inventé l'intervention de la
société dans l'éducation**

Kommunisterna har inte uppfunnit samhällets inblandning i
uppfostran

**ils ne cherchent qu'à modifier le caractère de cette
intervention**

De syftar endast till att ändra karaktären på detta ingripande

**et ils cherchent à sauver l'éducation de l'influence de la
classe dirigeante**

Och de försöker rädda utbildningen från den härskande
klassens inflytande

**La bourgeoisie parle de la relation sacrée du parent et de
l'enfant**

Bourgeoisin talar om det helgade förhållandet mellan förälder
och barn
**mais ce baratin sur la famille et l'éducation devient d'autant
plus répugnant quand on regarde l'industrie moderne**
Men detta klyschor om familjen och uppfostran blir ännu mer
motbjudande när vi ser på den moderna industrin
**Tous les liens familiaux entre les prolétaires sont déchirés
par l'industrie moderne**
Alla familjeband bland proletärerna slits sönder av
storindustrin
**Leurs enfants sont transformés en simples objets de
commerce et en instruments de travail**
Deras barn förvandlas till enkla handelsvaror och arbetsmedel
**Mais vous, communistes, vous créeriez une communauté de
femmes, crie en chœur toute la bourgeoisie**
Men ni kommunister skulle skapa en gemenskap av kvinnor,
skriker hela bourgeoisin i kör
**La bourgeoisie ne voit en sa femme qu'un instrument de
production**
Bourgeoisin ser i hans hustru blott och bart ett
produktionsinstrument
**Il entend dire que les instruments de production doivent
être exploités par tous**
Han hör att produktionsinstrumenten skall exploateras av alla
**et, naturellement, il ne peut arriver à aucune autre
conclusion que celle d'être commun à tous retombera
également sur les femmes**
Och naturligtvis kan han inte komma till någon annan slutsats
än att lotten att vara gemensam för alla också kommer att falla
på kvinnorna
**Il ne soupçonne même pas qu'il s'agit en fait d'en finir avec
le statut de la femme en tant que simple instrument de
production**
Han har inte ens en aning om att det i själva verket handlar
om att avskaffa kvinnans ställning som blott och bart
produktionsinstrument

Du reste, rien n'est plus ridicule que l'indignation vertueuse de notre bourgeoisie contre la communauté des femmes

För övrigt finns det ingenting löjligare än vår bourgeoisis dygdiga indignation över kvinnornas gemenskap

ils prétendent qu'elle doit être établie ouvertement et officiellement par les communistes

de låtsas att den är öppet och officiellt upprättad av kommunisterna

Les communistes n'ont pas besoin d'introduire la communauté des femmes, elle existe depuis des temps immémoriaux

Kommunisterna har inget behov av att införa en kvinnogemenskap, den har funnits nästan sedan urminnes tider

Notre bourgeoisie ne se contente pas d'avoir à sa disposition les femmes et les filles de ses prolétaires

Vår bourgeoisi nöjer sig inte med att ha sina proletärers hustrur och döttrar till sitt förfogande

Ils prennent le plus grand plaisir à séduire les femmes de l'autre

De finner det största nöje i att förföra varandras fruar

Et cela ne parle même pas des prostituées ordinaires

Och då har vi inte ens nämnt vanliga prostituerade

Le mariage bourgeois est en réalité un système d'épouses en commun

Bourgeoisins äktenskap är i själva verket ett system av gemensamma hustrur

puis il y a une chose qu'on pourrait peut-être reprocher aux communistes

så finns det en sak som kommunisterna möjligen skulle kunna förebrås för

Ils souhaitent introduire une communauté de femmes ouvertement légalisée

De vill införa en öppet legaliserad gemenskap av kvinnor

plutôt qu'une communauté de femmes hypocritement dissimulée

snarare än en hycklande dold gemenskap av kvinnor

la communauté des femmes issues du système de production
Kvinnornas gemenskap som växer fram ur
produktionssystemet

**Abolissez le système de production, et vous abolissez la
communauté des femmes**
Avskaffa produktionssystemet, och ni avskaffar kvinnornas
gemenskap

La prostitution publique est abolie et la prostitution privée
både den offentliga prostitutionen avskaffas och den privata
prostitutionen

**On reproche en outre aux communistes de vouloir abolir les
pays et les nationalités**
Kommunisterna förebrås dessutom mer för att vilja avskaffa
länder och nationaliteter

**Les travailleurs n'ont pas de patrie, nous ne pouvons donc
pas leur prendre ce qu'ils n'ont pas**
De arbetande har inget land, så vi kan inte ta ifrån dem vad de
inte har

Le prolétariat doit d'abord acquérir la suprématie politique
Proletariatet måste först och främst erövra det politiska
herraväldet

**Le prolétariat doit s'élever pour être la classe dirigeante de la
nation**
Proletariatet måste resa sig till att bli den ledande klassen i
nationen

Le prolétariat doit se constituer en nation
Proletariatet måste konstituera sig som nation

**elle est, jusqu'à présent, elle-même nationale, mais pas dans
le sens bourgeois du mot**
Den är än så länge själv nationell, om än inte i bourgeoisins
betydelse

**Les différences nationales et les antagonismes entre les
peuples s'estompent chaque jour davantage**
Nationella skillnader och motsättningar mellan folken
försvinner mer och mer för varje dag

grâce au développement de la bourgeoisie, à la liberté du commerce, au marché mondial

på grund av bourgeoisins utveckling, på grund av handelns frihet, på världsmarknaden

à l'uniformité du mode de production et des conditions de vie qui y correspondent

till likformighet i produktionssättet och de levnadsbetingelser som motsvarar detta

La suprématie du prolétariat les fera disparaître encore plus vite

Proletariatets överhöghet kommer att få dem att försvinna ännu snabbare

L'action unie, du moins dans les principaux pays civilisés, est une des premières conditions de l'émancipation du prolétariat

Enad aktion, åtminstone av de ledande civiliserade länderna, är en av de första betingelserna för proletariatets frigörelse

Dans la mesure où l'exploitation d'un individu par un autre prendra fin, l'exploitation d'une nation par une autre prendra également fin à

I samma mån som det blir ett slut på den ena individens utsugning av en annan, så kommer också den ena nationens utsugning av den andra att upphöra

À mesure que l'antagonisme entre les classes à l'intérieur de la nation disparaîtra, l'hostilité d'une nation envers une autre prendra fin

I samma mån som motsättningen mellan klasserna inom nationen försvinner, kommer den ena nationens fiendskap mot den andra att upphöra

Les accusations portées contre le communisme d'un point de vue religieux, philosophique et, en général, idéologique, ne méritent pas d'être examinées sérieusement

De anklagelser mot kommunismen som riktas från religiös, filosofisk och allmän synpunkt från ideologisk ståndpunkt förtjänar inte att undersökas på allvar

Faut-il une intuition profonde pour comprendre que les idées, les vues et les conceptions de l'homme changent à chaque changement dans les conditions de son existence matérielle ?

Krävs det en djup intuition för att förstå att människans idéer, åsikter och föreställningar förändras med varje förändring i villkoren för hennes materiella existens?

N'est-il pas évident que la conscience de l'homme change lorsque ses relations sociales et sa vie sociale changent ?

Är det inte uppenbart, att människans medvetande förändras, när hennes sociala förhållanden och hennes sociala liv förändras?

Qu'est-ce que l'histoire des idées prouve d'autre, sinon que la production intellectuelle change de caractère à mesure que la production matérielle se modifie ?

Vad bevisar idéhistorien annat än att den andliga produktionen ändrar karaktär i samma mån som den materiella produktionen förändras?

Les idées dominantes de chaque époque ont toujours été les idées de sa classe dirigeante

De härskande idéerna i varje tidsålder har alltid varit den härskande klassens idéer

Quand on parle d'idées qui révolutionnent la société, on n'exprime qu'un seul fait

När människor talar om idéer som revolutionerar samhället, uttrycker de bara ett faktum

Au sein de l'ancienne société, les éléments d'une nouvelle société ont été créés

Inom det gamla samhället har elementen till ett nytt skapats

et que la dissolution des vieilles idées va de pair avec la dissolution des anciennes conditions d'existence

Och att upplösningen av de gamla idéerna håller jämna steg med upplösningen av de gamla existensförhållandena

Lorsque le monde antique était dans ses dernières affresses, les anciennes religions ont été vaincues par le christianisme

När den antika världen befann sig i sina sista våndor, besegrades de gamla religionerna av kristendomen

Lorsque les idées chrétiennes ont succombé au XVIIIe siècle aux idées rationalistes, la société féodale a mené une bataille à mort contre la bourgeoisie alors révolutionnaire

När de kristna idéerna på 1700-talet dukade under för rationalistiska idéer, utkämpade det feodala samhället sin dödskamp mot den då revolutionära bourgeoisin

Les idées de liberté religieuse et de liberté de conscience n'ont fait qu'exprimer l'emprise de la libre concurrence dans le domaine de la connaissance

Idéerna om religionsfrihet och samvetsfrihet gav endast uttryck för den fria konkurrensens herravälde på kunskapens område

« Sans doute, dira-t-on, les idées religieuses, morales, philosophiques et juridiques ont été modifiées au cours du développement historique »

"Otvivelaktigt", kommer det att sägas, "har religiösa, moraliska, filosofiska och juridiska idéer modifierats under den historiska utvecklingens gång"

Mais la religion, la morale, la philosophie, la science politique et le droit ont constamment survécu à ce changement.

"Men religionen, moralfilosofin, statsvetenskapen och juridiken har ständigt överlevt denna förändring."

« Il y a aussi des vérités éternelles, telles que la Liberté, la Justice, etc. »

"Det finns också eviga sanningar, såsom Frihet, Rättvisa, etc."

« Ces vérités éternelles sont communes à tous les états de la société »

"Dessa eviga sanningar är gemensamma för alla samhällstillstånd"

« Mais le communisme abolit les vérités éternelles, il abolit toute religion et toute morale »

"Men kommunismen upphäver de eviga sanningarna, den upphäver all religion och all moral."

« il fait cela au lieu de les constituer sur une nouvelle base »
"Den gör detta i stället för att konstituera dem på en ny grundval"
« Elle agit donc en contradiction avec toute l'expérience historique passée »
"Den handlar därför i motsättning till all tidigare historisk erfarenhet"
À quoi se réduit cette accusation ?
Vad reduceras denna anklagelse till?
L'histoire de toute la société passée a consisté dans le développement d'antagonismes de classe
Hela det hittillsvarande samhällets historia har bestått i utvecklandet av klassmotsättningar
antagonismes qui ont pris des formes différentes selon les époques
motsättningar, som antog olika former under olika epoker
Mais quelle que soit la forme qu'ils aient prise, un fait est commun à tous les âges passés
Men vilken form de än må ha tagit, är ett faktum gemensamt för alla gångna tidsåldrar
l'exploitation d'une partie de la société par l'autre
den ena delen av samhället exploaterades av den andra
Il n'est donc pas étonnant que la conscience sociale des âges passés se meuve à l'intérieur de certaines formes communes ou d'idées générales
Det är alltså inte att undra på, att gångna tiders sociala medvetande rör sig inom vissa gemensamma former eller allmänna idéer
(et ce, malgré toute la multiplicité et la variété qu'il affiche)
(och det är trots all den mångfald och variation som den visar)
et ceux-ci ne peuvent disparaître complètement qu'avec la disparition totale des antagonismes de classe
Och dessa kan inte försvinna helt och hållet utan att klassmotsättningarna helt och hållet försvinner
La révolution communiste est la rupture la plus radicale avec les rapports de propriété traditionnels

Den kommunistiska revolutionen är den mest radikala
brytningen med de traditionella egendomsförhållandena
**Il n'est donc pas étonnant que son développement implique
la rupture la plus radicale avec les idées traditionnelles**
Det är inte att undra på att dess utveckling innebär den mest
radikala brytning med de traditionella idéerna
**Mais finissons-en avec les objections de la bourgeoisie
contre le communisme**
Men låt oss sluta med bourgeoisins invändningar mot
kommunismen
**Nous avons vu plus haut le premier pas de la révolution de
la classe ouvrière**
Vi har ovan sett arbetarklassens första steg i revolutionen
**Le prolétariat doit être élevé à la position de dirigeant, pour
gagner la bataille de la démocratie**
Proletariatet måste upphöjas till härskare för att vinna kampen
om demokratin
**Le prolétariat usera de sa suprématie politique pour arracher
peu à peu tout le capital à la bourgeoisie**
Proletariatet kommer att använda sin politiska överhöghet till
att undan för undan rycka allt kapital från bourgeoisin
**elle centralisera tous les instruments de production entre les
mains de l'État**
Den kommer att centralisera alla produktionsinstrument i
statens händer
**En d'autres termes, le prolétariat s'est organisé en classe
dominante**
Med andra ord, proletariatet organiserat sig som den
härskande klassen
**et elle augmentera le plus rapidement possible le total des
forces productives**
Och den kommer att öka summan av produktivkrafterna så
snabbt som möjligt
**Bien sûr, au début, cela ne peut se faire qu'au moyen
d'incursions despotiques dans les droits de propriété**

Till en början kan detta naturligtvis inte åstadkommas annat
än genom despotiska ingrepp i äganderätten
**et elle doit être réalisée dans les conditions de la production
bourgeoise**
Och det måste ske på bourgeoisins produktionsbetingelser
**Elle est donc réalisée au moyen de mesures qui semblent
économiquement insuffisantes et intenables**
Det uppnås därför med hjälp av åtgärder som framstår som
ekonomiskt otillräckliga och ohållbara
**mais ces moyens, dans le cours du mouvement, se dépassent
d'eux-mêmes**
Men dessa medel överträffar sig själva under rörelsens gång
**elles nécessitent de nouvelles incursions dans l'ancien ordre
social**
De nödvändiggör ytterligare ingrepp i den gamla
samhällsordningen
**et ils sont inévitables comme moyen de révolutionner
entièrement le mode de production**
Och de är oundvikliga som ett medel att fullständigt
revolutionera produktionssättet
Ces mesures seront bien sûr différentes selon les pays
Dessa åtgärder kommer naturligtvis att se olika ut i olika
länder
**Néanmoins, dans les pays les plus avancés, ce qui suit sera
assez généralement applicable**
Icke desto mindre torde i de mest framskridna länderna
följande vara tämligen allmängiltigt tillämpligt
**1. L'abolition de la propriété foncière et l'affectation de
toutes les rentes foncières à des fins publiques.**
1. Avskaffande av äganderätten till jorden och användning av
all jordränta för offentliga ändamål.
2. Un impôt sur le revenu progressif ou progressif lourd.
2. En tung progressiv eller progressiv inkomstskatt.
3. Abolition de tout droit d'héritage.
3. Avskaffande av all arvsrätt.
4. Confiscation des biens de tous les émigrés et rebelles.

4. Konfiskering av alla emigranters och rebellers egendom.

5. Centralisation du crédit entre les mains de l'État, au moyen d'une banque nationale à capital d'État et monopole exclusif.

5. Centralisering av krediten i statens händer, med hjälp av en nationell bank med statligt kapital och ett exklusivt monopol.

6. Centralisation des moyens de communication et de transport entre les mains de l'État.

6. Centralisering av kommunikations- och transportmedlen i statens händer.

7. Extension des usines et des instruments de production appartenant à l'État

7. Utvidgning av fabriker och produktionsinstrument som ägs av staten

la mise en culture des terres incultes, et l'amélioration du sol en général d'après un plan commun.

uppodling av ödemark och förbättring av jorden i allmänhet i enlighet med en gemensam plan.

8. Responsabilité égale de tous vis-à-vis du travail

8. Lika ansvar för alla gentemot arbetet

Mise en place d'armées industrielles, notamment pour l'agriculture.

Upprättande av industriella arméer, särskilt för jordbruket.

9. Combinaison de l'agriculture et des industries manufacturières

9. Kombination av jordbruk och tillverkningsindustri

l'abolition progressive de la distinction entre la ville et la campagne, par une répartition plus égale de la population sur le territoire.

Gradvis avskaffande av skillnaden mellan stad och landsbygd genom en jämnare fördelning av befolkningen över landet.

10. Gratuité de l'éducation pour tous les enfants dans les écoles publiques.

10. Gratis utbildning för alla barn i offentliga skolor.

Abolition du travail des enfants dans les usines sous sa forme actuelle

Avskaffande av fabriksarbete för barn i dess nuvarande form
Combinaison de l'éducation et de la production industrielle
Kombination av utbildning med industriell produktion
Quand, au cours du développement, les distinctions de classe ont disparu
När klasskillnaderna under utvecklingens gång har försvunnit
et quand toute la production aura été concentrée entre les mains d'une vaste association de toute la nation
Och när all produktion har koncentrerats i händerna på en stor sammanslutning av hela nationen
alors la puissance publique perdra son caractère politique
Då kommer den offentliga makten att förlora sin politiska karaktär
Le pouvoir politique, proprement dit, n'est que le pouvoir organisé d'une classe pour en opprimer une autre
Den politiska makten i egentlig mening är blott en klass' organiserade makt för att förtrycka en annan
Si le prolétariat, dans sa lutte contre la bourgeoisie, est contraint, par la force des choses, de s'organiser en classe
Om proletariatet i sin kamp mot bourgeoisin på grund av omständigheternas makt tvingas att organisera sig som klass
si, par une révolution, elle se fait la classe dominante
om den genom en revolution gör sig själv till härskande klass
et, en tant que telle, elle balaie par la force les anciennes conditions de production
Och som sådan sopar den med våld bort de gamla produktionsförhållandena
alors, avec ces conditions, elle aura balayé les conditions d'existence des antagonismes de classes et des classes en général
Då kommer den tillsammans med dessa betingelser att ha sopat bort betingelserna för förekomsten av klassmotsättningar och klasser överhuvudtaget
et aura ainsi aboli sa propre suprématie en tant que classe.
och kommer därmed att ha upphävt sin egen överhöghet som klass.

A la place de l'ancienne société bourgeoise, avec ses classes et ses antagonismes de classes, nous aurons une association
I stället för det gamla bourgeoisisamhället med dess klasser och klassmotsättningar kommer vi att få en sammanslutning
une association dans laquelle le libre développement de chacun est la condition du libre développement de tous
en sammanslutning, i vilken vars och ens fria utveckling är förutsättningen för allas fria utveckling

1) Le socialisme réactionnaire
1) Den reaktionära socialismen

a) Le socialisme féodal
a) Den feodala socialismen

les aristocraties de France et d'Angleterre avaient une position historique unique
Frankrikes och Englands aristokratier hade en unik historisk ställning
c'est devenu leur vocation d'écrire des pamphlets contre la société bourgeoise moderne
Det blev deras kall att skriva pamfletter mot det moderna borgerliga samhället
Dans la révolution française de juillet 1830 et dans l'agitation réformiste anglaise
I den franska julirevolutionen 1830 och i den engelska reformagitationen
Ces aristocraties succombèrent de nouveau à l'odieux parvenu
Dessa aristokratier dukade åter under för den förhatliga uppkomlingen
Dès lors, il n'était plus question d'une lutte politique sérieuse
Från och med nu var en allvarlig politisk strid helt utesluten
Tout ce qui restait possible, c'était une bataille littéraire, pas une véritable bataille
Det enda som återstod var en litterär strid, inte en verklig strid
Mais même dans le domaine de la littérature, les vieux cris de la période de la restauration étaient devenus impossibles
Men även på litteraturens område hade restaurationstidens gamla rop blivit omöjliga
Pour s'attirer la sympathie, l'aristocratie était obligée de perdre de vue, semble-t-il, ses propres intérêts
För att väcka sympati var aristokratin tvungen att till synes förlora sina egna intressen ur sikte

et ils ont été obligés de formuler leur réquisitoire contre la bourgeoisie dans l'intérêt de la classe ouvrière exploitée
Och de var tvungna att formulera sina anklagelser mot bourgeoisin i den exploaterade arbetarklassens intresse

C'est ainsi que l'aristocratie prit sa revanche en chantant des pamphlets sur son nouveau maître
På så sätt hämnades aristokratin genom att sjunga skällsord över sin nye herre

et ils prirent leur revanche en lui murmurant à l'oreille de sinistres prophéties de catastrophe à venir
Och de hämnades genom att viska i hans öron ondskefulla profetior om en kommande katastrof

C'est ainsi qu'est né le socialisme féodal : moitié lamentation, moitié moquerie
På detta sätt uppstod den feodala socialismen: till hälften klagosång, till hälften smädeskrift

Il sonnait comme un demi-écho du passé, et projetait une demi-menace de l'avenir
Den klingade som till hälften ett eko av det förflutna och som ett halvt hot mot framtiden

parfois, par sa critique acerbe, spirituelle et incisive, il frappait la bourgeoisie au plus profond de lui-même
Ibland träffade den bourgeoisin i hjärtat genom sin bittra, kvicka och skarpa kritik

mais elle a toujours été ridicule dans son effet, par l'incapacité totale de comprendre la marche de l'histoire moderne
Men den var alltid löjlig i sin verkan, genom den totala oförmågan att förstå den moderna historiens gång

L'aristocratie, pour rallier le peuple à elle, agitait le sac d'aumône prolétarien en guise de bannière
För att samla folket till sig viftade aristokratin, med den proletära allmosepåsen framför sig som en fana

Mais le peuple, toutes les fois qu'il se joignait à lui, voyait sur son arrière-train les anciennes armoiries féodales

Men folket, så ofta det slöt sig till dem, såg på sina bakdelar de gamla feodala vapnen

et ils désertèrent avec des rires bruyants et irrévérencieux

Och de gav sig av under högljutt och vanvördigt skratt

Une partie des légitimistes français et de la « Jeune Angleterre » offrit ce spectacle

En del av de franska legitimisterna och "det unga England" uppvisade detta skådespel

les féodaux ont fait remarquer que leur mode d'exploitation était différent de celui de la bourgeoisie

feodalherrarna påpekade, att deras utsugningssätt var ett annat än bourgeoisins

Les féodaux oublient qu'ils ont exploité dans des circonstances et des conditions tout à fait différentes

Feodalismerna glömmer, att de exploaterade under helt andra omständigheter och betingelser

Et ils n'ont pas remarqué que de telles méthodes d'exploitation sont maintenant désuètes

Och de märkte inte att sådana exploateringsmetoder nu är föråldrade

Ils ont montré que, sous leur domination, le prolétariat moderne n'a jamais existé

De visade, att det moderna proletariatet aldrig existerat under deras herravälde

mais ils oublient que la bourgeoisie moderne est le produit nécessaire de leur propre forme de société

Men de glömmer, att den moderna bourgeoisin är den nödvändiga avkomman av deras egen samhällsform

Pour le reste, ils dissimulent à peine le caractère réactionnaire de leur critique

För övrigt döljer de knappast den reaktionära karaktären av sin kritik

Leur principale accusation contre la bourgeoisie se résume à ceci

Deras huvudbeskyllning mot bourgeoisin går ut på följande sätt

sous le régime bourgeois, une classe sociale se développe

Under bourgeoisins regim håller en samhällsklass på att
utvecklas

**Cette classe sociale est destinée à découper de fond en
comble l'ancien ordre de la société**

Denna samhällsklass är förutbestämd att hugga upp den
gamla samhällsordningen med rötter och grenar

**Ce qu'ils reprochent à la bourgeoisie, ce n'est pas tant
qu'elle crée un prolétariat**

Vad de förebrår bourgeoisin är inte så mycket att det skapar
ett proletariat

**ce qu'ils reprochent à la bourgeoisie, c'est plutôt de créer un
prolétariat révolutionnaire**

vad de förebrår bourgeoisin med är snarare att den skapar ett
revolutionärt proletariat

**Dans la pratique politique, ils se joignent donc à toutes les
mesures coercitives contre la classe ouvrière**

I den politiska praktiken deltar de därför i alla tvångsåtgärder
mot arbetarklassen

**Et dans la vie ordinaire, malgré leurs phrases hautaines, ils
s'abaissent à ramasser les pommes d'or tombées de l'arbre
de l'industrie**

Och i det vanliga livet böjer de sig, trots sina högtravande
fraser, ner för att plocka upp de gyllene äpplen som fallit från
industrins träd

**et ils troquent la vérité, l'amour et l'honneur contre le
commerce de la laine, du sucre de betterave et de l'eau-de-
vie de pommes de terre**

Och de byter sanning, kärlek och ära mot handel med ull,
rödbetssocker och potatisbrännvin

**De même que le pasteur a toujours marché main dans la
main avec le propriétaire foncier, il en a été de même du
socialisme clérical et du socialisme féodal**

Liksom prästen alltid har gått hand i hand med godsägaren, så
har den klerikala socialismen gått hand i hand med den
feodala socialismen

Rien n'est plus facile que de donner à l'ascétisme chrétien une teinte socialiste

Ingenting är lättare än att ge den kristna asketismen en socialistisk anstrykning

Le christianisme n'a-t-il pas déclamé contre la propriété privée, contre le mariage, contre l'État ?

Har inte kristendomen deklamerat mot privategendomen, mot äktenskapet, mot staten?

Le christianisme n'a-t-il pas prêché à la place de la charité et de la pauvreté ?

Har inte kristendomen i stället för dessa predikat kärlek och fattigdom?

Le christianisme ne prêche-t-il pas le célibat et la mortification de la chair, de la vie monastique et de l'Église mère ?

Predikar inte kristendomen celibatet och köttets späkning, klosterlivet och moderkyrkan?

Le socialisme chrétien n'est que l'eau bénite avec laquelle le prêtre consacre les brûlures du cœur de l'aristocrate

Den kristna socialismen är inget annat än det vigvatten, med vilket prästen helgar aristokratens brinnande hjärtan

b) Le socialisme petit-bourgeois
b) Den småborgerliga socialismen

L'aristocratie féodale n'est pas la seule classe ruinée par la bourgeoisie
Den feodala aristokratin var inte den enda klass som ruinerades av bourgeoisin
ce n'était pas la seule classe dont les conditions d'existence languissaient et périssaient dans l'atmosphère de la société bourgeoise moderne
Det var inte den enda klass, vars livsbetingelser tynade bort och gick under i det moderna borgerliga samhällets atmosfär
Les bourgeois médiévaux et les petits propriétaires paysans ont été les précurseurs de la bourgeoisie moderne
De medeltida borgarna och de självägande småbönderna var förelöpare till den moderna bourgeoisin
Dans les pays peu développés, tant au point de vue industriel que commercial, ces deux classes végètent encore côte à côte
I de länder, som är föga utvecklade, industriellt och kommersiellt, vegeterar dessa båda klasser ännu sida vid sida
et pendant ce temps, la bourgeoisie se lève à côté d'eux : industriellement, commercialement et politiquement
Och under tiden reser sig bourgeoisin bredvid dem: industriellt, kommersiellt och politiskt
Dans les pays où la civilisation moderne s'est pleinement développée, une nouvelle classe de petite bourgeoisie s'est formée
I de länder, där den moderna civilisationen är fullt utvecklad, har en ny klass av småbourgeoisi bildats
cette nouvelle classe sociale oscille entre le prolétariat et la bourgeoisie
Denna nya samhällsklass pendlar mellan proletariat och bourgeoisi
et elle se renouvelle sans cesse en tant que partie supplémentaire de la société bourgeoise

Och den förnyar sig ständigt som en kompletterande del av
det borgerliga samhället
**Cependant, les membres individuels de cette classe sont
constamment précipités dans le prolétariat**
Men de enskilda medlemmarna av denna klass slungas
ständigt ner i proletariatet
**ils sont aspirés par le prolétariat par l'action de la
concurrence**
De sugs upp av proletariatet genom konkurrensens verkan
**Au fur et à mesure que l'industrie moderne se développe, ils
voient même approcher le moment où ils disparaîtront
complètement en tant que section indépendante de la société
moderne**
I takt med att den moderna industrin utvecklas, ser de till och
med det ögonblick närma sig, då den helt kommer att
försvinna som en självständig del av det moderna samhället
**ils seront remplacés, dans les manufactures, l'agriculture et
le commerce, par des surveillants, des huissiers et des
boutiquiers**
De kommer att ersättas av uppsyningsmän, kronofogdar och
krämare inom manufakturerna, jordbruket och handeln
**Dans des pays comme la France, où les paysans représentent
bien plus de la moitié de la population**
I länder som Frankrike, där bönderna utgör mycket mer än
hälften av befolkningen
**il était naturel qu'il y ait des écrivains qui se rangent du côté
du prolétariat contre la bourgeoisie**
Det var naturligt att det fanns författare som ställde sig på
proletariatets sida mot bourgeoisin
**dans leur critique du régime bourgeois, ils utilisaient
l'étendard de la bourgeoisie paysanne et de la petite
bourgeoisie**
I sin kritik av bourgeoisins regim använde de sig av bonde-
och småbourgeoisins måttstock
**et, du point de vue de ces classes intermédiaires, ils
prennent le relais de la classe ouvrière**

Och från dessa mellanklassers ståndpunkt griper de upp
kampen för arbetarklassen

**C'est ainsi qu'est né le socialisme petit-bourgeois, dont
Sismondi était le chef de cette école, non seulement en
France, mais aussi en Angleterre**

På så sätt uppstod den småborgerliga socialismen, för vilken
Sismondi var ledare för denna skola, inte bara i Frankrike utan
också i England

**Cette école du socialisme a disséqué avec une grande acuité
les contradictions des conditions de la production moderne**

Denna socialistiska skola dissekerade med stor skärpa
motsättningarna i den moderna produktionens betingelser

Cette école a mis à nu les excuses hypocrites des économistes

Denna skola blottlade ekonomernas hycklande ursäkter

**Cette école prouva sans conteste les effets désastreux du
machinisme et de la division du travail**

Denna skola bevisade obestridligen de katastrofala effekterna
av maskineri och arbetsdelning

**elle prouvait la concentration du capital et de la terre entre
quelques mains**

Den bevisade att kapital och jord var koncentrerade till ett
fåtal händer

**elle a prouvé comment la surproduction conduit à des crises
bourgeoises**

Den bevisade hur överproduktion leder till borgerliga kriser

**il soulignait la ruine inévitable de la petite bourgeoisie et
des paysans**

Den pekade på den oundvikliga ruinen för småbourgeoisin
och bönderna

**la misère du prolétariat, l'anarchie de la production, les
inégalités criantes dans la répartition des richesses**

proletariatets elände, anarkin i produktionen, den skriande
ojämlikheten i fördelningen av rikedomarna

**Il a montré comment le système de production mène la
guerre industrielle d'extermination entre les nations**

Den visade, hur produktionssystemet leder det industriella utrotningskriget mellan nationerna

la dissolution des vieux liens moraux, des vieilles relations familiales, des vieilles nationalités

Upplösningen av de gamla moraliska banden, av de gamla familjeförhållandena, av de gamla nationaliteterna

Dans ses objectifs positifs, cependant, cette forme de socialisme aspire à réaliser l'une des deux choses suivantes

Men i sina positiva mål strävar denna form av socialism efter att uppnå en av två saker

soit elle vise à restaurer les anciens moyens de production et d'échange

Antingen syftar den till att återupprätta de gamla produktions- och utbytesmedlen

et avec les anciens moyens de production, elle rétablirait les anciens rapports de propriété et l'ancienne société

Och med de gamla produktionsmedlen skulle den återupprätta de gamla egendomsförhållandena och det gamla samhället

ou bien elle vise à enfermer les moyens modernes de production et d'échange dans l'ancien cadre des rapports de propriété

Eller också strävar den efter att tränga in de moderna produktions- och utbytesmedlen i egendomsförhållandenas gamla ram

Dans un cas comme dans l'autre, elle est à la fois réactionnaire et utopique

I båda fallen är den både reaktionär och utopisk

Ses derniers mots sont : guildes corporatives pour la fabrication, relations patriarcales dans l'agriculture

Dess sista ord lyder: korporativa gillen för manufakturen, patriarkaliska förhållanden inom jordbruket

En fin de compte, lorsque les faits historiques obstinés ont dispersé tous les effets enivrants de l'auto-tromperie

Till sist, när envisa historiska fakta hade skingrat alla berusande effekter av självbedrägeri

cette forme de socialisme se termina par un misérable accès de pitié
Denna form av socialism slutade i ett eländigt anfall av medlidande.

c) Le socialisme allemand, ou « vrai »
c) Tysk eller "sann" socialism

La littérature socialiste et communiste de France est née sous la pression d'une bourgeoisie au pouvoir
Den socialistiska och kommunistiska litteraturen i Frankrike uppstod under trycket från en bourgeoisi vid makten
Et cette littérature était l'expression de la lutte contre ce pouvoir
Och denna litteratur var ett uttryck för kampen mot denna makt
elle a été introduite en Allemagne à une époque où la bourgeoisie venait de commencer sa lutte contre l'absolutisme féodal
Den infördes i Tyskland vid en tidpunkt då bourgeoisin just hade börjat sin kamp mot den feodala absolutismen
Les philosophes allemands, les prétendus philosophes et les beaux esprits, s'emparèrent avidement de cette littérature
Tyska filosofer, blivande filosofer och beaux esprits grep ivrigt tag i denna litteratur
mais ils oubliaient que les écrits avaient émigré de France en Allemagne sans apporter avec eux les conditions sociales françaises
men de glömde, att skrifterna invandrade från Frankrike till Tyskland utan att föra med sig de franska samhällsförhållandena
Au contact des conditions sociales allemandes, cette littérature française perd toute sa signification pratique immédiate

I kontakten med de tyska samhällsförhållandena förlorade
denna franska litteratur all sin omedelbara praktiska betydelse
**et la littérature communiste de France a pris un aspect
purement littéraire dans les cercles académiques allemands**
och den kommunistiska litteraturen i Frankrike antog en rent
litterär sida i tyska akademiska kretsar
**Ainsi, les exigences de la première Révolution française
n'étaient rien d'autre que les exigences de la « raison
pratique »**
Den första franska revolutionens krav var alltså ingenting
annat än det "praktiska förnuftets" krav
**et l'expression de la volonté de la bourgeoisie française
révolutionnaire signifiait à leurs yeux la loi de la volonté
pure**
Och uttalandet av den revolutionära franska bourgeoisins vilja
betydde i deras ögon den rena viljans lag
**il signifiait la Volonté telle qu'elle devait être ; de la vraie
Volonté humaine en général**
det betydde Viljan så som den måste vara; av sann mänsklig
vilja i allmänhet
**Le monde des lettrés allemands ne consistait qu'à mettre les
nouvelles idées françaises en harmonie avec leur ancienne
conscience philosophique**
Den tyska litteraturens värld bestod endast i att bringa de nya
franska idéerna i harmoni med deras gamla filosofiska
samvete
**ou plutôt, ils ont annexé les idées françaises sans déserter
leur propre point de vue philosophique**
eller rättare sagt, de annekterade de franska idéerna utan att
överge sin egen filosofiska ståndpunkt
**Cette annexion s'est faite de la même manière que l'on
s'approprie une langue étrangère, c'est-à-dire par la
traduction**
Denna annektering ägde rum på samma sätt som ett
främmande språk tillägnas, nämligen genom översättning

Il est bien connu comment les moines ont écrit des vies stupides de saints catholiques sur des manuscrits

Det är välkänt hur munkarna skrev fåniga liv om katolska helgon över manuskript

les manuscrits sur lesquels les œuvres classiques de l'ancien paganisme avaient été écrites

de manuskript på vilka den forntida hedendomens klassiska verk hade skrivits

Les lettrés allemands ont inversé ce processus avec la littérature française profane

Den tyska litteraturen vände på denna process med den profana franska litteraturen

Ils ont écrit leurs absurdités philosophiques sous l'original français

De skrev sitt filosofiska nonsens under det franska originalet

Par exemple, sous la critique française des fonctions économiques de l'argent, ils ont écrit « L'aliénation de l'humanité »

Under den franska kritiken av pengarnas ekonomiska funktioner skrev de till exempel "Mänsklighetens alienation"

au-dessous de la critique française de l'État bourgeois, ils écrivaient « détrônement de la catégorie du général »

Under den franska kritiken av den borgerliga staten skrev de "detronisering av generalkategorin"

L'introduction de ces phrases philosophiques à la fin des critiques historiques françaises qu'ils ont baptisées :

Introduktionen av dessa filosofiska fraser i bakgrunden av den franska historiekritiken döptes till:

« Philosophie de l'action », « Vrai socialisme », « Science allemande du socialisme », « Fondement philosophique du socialisme », etc

"Handlingsfilosofin", "den sanna socialismen", "den tyska vetenskapen om socialismen", "socialismens filosofiska grundval" o.s.v.

La littérature socialiste et communiste française est ainsi complètement émasculée

Den franska socialistiska och kommunistiska litteraturen blev
därmed fullständigt kastrerad
**entre les mains des philosophes allemands, elle cessa
d'exprimer la lutte d'une classe contre l'autre**
I de tyska filosofernas händer upphörde den att ge uttryck för
den ena klassens kamp mot den andra
**et c'est ainsi que les philosophes allemands se sentaient
conscients d'avoir surmonté « l'unilatéralité française »**
och så kände sig de tyska filosoferna medvetna om att de hade
övervunnit den "franska ensidigheten"
**Il n'avait pas à représenter de vraies exigences, mais plutôt
des exigences de vérité**
Den behövde inte representera verkliga krav, snarare
representerade den sanningens krav
**il n'y avait pas d'intérêt pour le prolétariat, mais plutôt pour
la nature humaine**
Det fanns inget intresse för proletariatet, snarare fanns det ett
intresse för den mänskliga naturen
**l'intérêt était dans l'Homme en général, qui n'appartient à
aucune classe et n'a pas de réalité**
Man intresserade sig för människan i allmänhet, som inte
tillhör någon klass och inte har någon verklighet
**un homme qui n'existe que dans le royaume brumeux de la
fantaisie philosophique**
En man som bara existerar i den filosofiska fantasins dimmiga
rike
**mais finalement, ce socialisme allemand d'écolier perdit
aussi son innocence pédante**
Men till slut förlorade även denna skolpojke, den tyska
socialismen, sin pedantiska oskuldsfullhet
**la bourgeoisie allemande, et surtout la bourgeoisie
prussienne, luttait contre l'aristocratie féodale**
Den tyska bourgeoisin och särskilt den preussiska bourgeoisin
kämpade mot den feodala aristokratin
**la monarchie absolue de l'Allemagne et de la Prusse était
également combattue**

Den absoluta monarkin i Tyskland och Preussen var också i
strid

**Et à son tour, la littérature du mouvement libéral est
également devenue plus sérieuse**
Och i gengäld blev också den liberala rörelsens litteratur mer
seriös

**L'Allemagne a eu l'occasion longtemps souhaitée par le «
vrai » socialisme de se voir offrir**
Tysklands länge efterlängtade möjlighet till "sann" socialism
erbjöds

**l'occasion de confronter le mouvement politique aux
revendications socialistes**
Möjligheten att konfrontera den politiska rörelsen med de
socialistiska kraven

**l'occasion de jeter les anathèmes traditionnels contre le
libéralisme**
Möjligheten att slunga de traditionella förbannelserna mot
liberalismen

**l'occasion d'attaquer le gouvernement représentatif et la
concurrence bourgeoise**
Möjligheten att angripa den representativa regeringen och
bourgeoisins konkurrens

**Liberté de la presse bourgeoise, législation bourgeoise,
liberté et égalité bourgeoise**
bourgeoisins pressfrihet, bourgeoisins lagstiftning,
bourgeoisins frihet och jämlikhet

**Tout cela pourrait maintenant être critiqué dans le monde
réel, plutôt que dans la fantaisie**
Allt detta skulle nu kunna kritiseras i den verkliga världen,
snarare än i fantasin

**L'aristocratie féodale et la monarchie absolue prêchaient
depuis longtemps aux masses**
Den feodala aristokratin och den absoluta monarkin hade
länge predikats för massorna

« L'ouvrier n'a rien à perdre, et il a tout à gagner »
"Arbetaren har inget att förlora, och han har allt att vinna"

le mouvement bourgeois offrait aussi une chance de se confronter à ces platitudes

Den borgerliga rörelsen erbjöd också en möjlighet att konfrontera dessa plattityder

la critique française présupposait l'existence d'une société bourgeoise moderne

Den franska kritiken förutsatte existensen av ett modernt borgerligt samhälle

Conditions économiques d'existence de la bourgeoisie et constitution politique de la bourgeoisie

Bourgeoisins ekonomiska levnadsbetingelser och bourgeoisins politiska författning

les choses mêmes dont la réalisation était l'objet de la lutte imminente en Allemagne

just de ting, vilkas förverkligande var föremål för den förestående kampen i Tyskland

L'écho stupide du socialisme en Allemagne a abandonné ces objectifs juste à temps

Tysklands enfaldiga eko av socialismen övergav dessa mål i sista sekund

Les gouvernements absolus avaient leur suite de pasteurs, de professeurs, d'écuyers de campagne et de fonctionnaires

De absoluta regeringarna hade sina anhängare av präster, professorer, godsägare och ämbetsmän

le gouvernement de l'époque a répondu aux soulèvements de la classe ouvrière allemande par des coups de fouet et des balles

Den dåvarande regeringen mötte de tyska arbetarupproren med spöstraff och kulor

pour eux, ce socialisme était un épouvantail bienvenu contre la bourgeoisie menaçante

För dem tjänade denna socialism som en välkommen fågelskrämma mot den hotande bourgeoisin

et le gouvernement allemand a pu offrir un dessert sucré après les pilules amères qu'il a distribuées

och den tyska regeringen kunde erbjuda en söt efterrätt efter
de bittra piller som den delade ut
**ce « vrai » socialisme servait donc aux gouvernements
d'arme pour combattre la bourgeoisie allemande**
Denna "sanna" socialism tjänade alltså regeringarna som ett
vapen i kampen mot den tyska bourgeoisin
**et, en même temps, il représentait directement un intérêt
réactionnaire ; celle des Philistins allemands**
Och samtidigt representerade den direkt ett reaktionärt
intresse; de tyska filistrarnas, som är en av de tyska filistrarna,
**En Allemagne, la petite bourgeoisie est la véritable base
sociale de l'état de choses actuel**
I Tyskland är småbourgeoisin den verkliga samhälleliga
grundvalen för det nuvarande sakernas tillstånd
**une relique du XVIe siècle qui n'a cessé de surgir sous
diverses formes**
En kvarleva från 1500-talet som ständigt har dykt upp i olika
former
**Conserver cette classe, c'est préserver l'état de choses
existant en Allemagne**
Att bevara denna klass är att bevara det rådande tillståndet i
Tyskland
**La suprématie industrielle et politique de la bourgeoisie
menace la petite bourgeoisie d'une destruction certaine**
Bourgeoisins industriella och politiska överhöghet hotar
småbourgeoisin med säker undergång
**d'une part, elle menace de détruire la petite bourgeoisie par
la concentration du capital**
Å ena sidan hotar den att förinta småbourgeoisin genom
kapitalets koncentration
**d'autre part, la bourgeoisie menace de la détruire par
l'avènement d'un prolétariat révolutionnaire**
Å andra sidan hotar bourgeoisin att förstöra den genom ett
revolutionärt proletariats uppkomst
**Le « vrai » socialisme semblait faire d'une pierre deux coups.
Il s'est répandu comme une épidémie**

Den "sanna" socialismen tycktes slå dessa två flugor i en smäll.
Den spred sig som en epidemi
La robe de toiles d'araignées spéculatives, brodée de fleurs
de rhétorique, trempée dans la rosée du sentiment maladif
Klädnaden av spekulativa spindelväv, broderad med
retorikens blommor, indränkt i den sjukliga känslans dagg
cette robe transcendantale dans laquelle les socialistes
allemands enveloppaient leurs tristes « vérités éternelles »
denna transcendentala mantel, i vilken de tyska socialisterna
svepte in sina sorgliga "eviga sanningar"
tout de peau et d'os, servaient à augmenter
merveilleusement la vente de leurs marchandises auprès
d'un public aussi
skinn och ben, tjänade till att på ett underbart sätt öka
försäljningen av deras varor bland en sådan
Et de son côté, le socialisme allemand reconnaissait de plus
en plus sa propre vocation
Och den tyska socialismen å sin sida erkände mer och mer sin
egen kallelse
on l'appelait à être le représentant grandiloquent de la
petite-bourgeoisie philistine
Den kallades att vara den bombastiska representanten för den
småborgerliga kälkborgaren
Il proclamait que la nation allemande était la nation modèle,
et le petit philistin allemand l'homme modèle
Den proklamerade att den tyska nationen var
mönsternationen och den tyska småfilistén mönstermänniskan
À chaque méchanceté de cet homme modèle, elle donnait
une interprétation socialiste cachée, plus élevée
Åt varje skurkaktig elakhet hos denna mönstermänniska gav
den en dold, högre, socialistisk tolkning
cette interprétation socialiste supérieure était l'exact
contraire de son caractère réel
Denna högre, socialistiska tolkning var raka motsatsen till
dess verkliga karaktär

**Il est allé jusqu'à s'opposer directement à la tendance «
brutalement destructrice » du communisme**
Den gick så långt att den direkt motsatte sig kommunismens
"brutalt destruktiva" tendens
**et il proclamait son mépris suprême et impartial de toutes
les luttes de classes**
Och den proklamerade sitt oerhörda och opartiska förakt för
alla klasskamper
**À de très rares exceptions près, toutes les publications dites
socialistes et communistes qui circulent aujourd'hui (1847)
en Allemagne appartiennent au domaine de cette littérature
nauséabonde et énervante**
Med mycket få undantag hör alla de s.k. socialistiska och
kommunistiska publikationer, som nu (1847) cirkulerar i
Tyskland, till denna smutsiga och enerverande litteraturs
område

2) Le socialisme conservateur ou le socialisme bourgeois
2) Konservativ socialism eller borgerlig socialism

Une partie de la bourgeoisie est désireuse de redresser les griefs sociaux
En del av bourgeoisin är angelägen om att avhjälpa de sociala missförhållandena
afin d'assurer la pérennité de la société bourgeoise
för att trygga det borgerliga samhällets fortbestånd
C'est à cette section qu'appartiennent les économistes, les philanthropes, les humanitaires
Till denna sektion hör ekonomer, filantroper, humanister
améliorateurs de la condition de la classe ouvrière et organisateurs de la charité
förbättrare av arbetarklassens ställning och organisatörer av välgörenhet
membres des sociétés de prévention de la cruauté envers les animaux
Medlemmar i föreningar för förhindrande av djurplågeri
fanatiques de la tempérance, réformateurs de toutes sortes imaginables
Nykterhetsfanatiker, hål-och-vrå-reformatorer av alla tänkbara slag
Cette forme de socialisme a, d'ailleurs, été élaborée en systèmes complets
Denna form av socialism har dessutom utarbetats till fullständiga system
On peut citer la « Philosophie de la Misère » de Proudhon comme exemple de cette forme
Vi kan anföra Proudhons "Philosophie de la Misère" som ett exempel på denna form
La bourgeoisie socialiste veut tous les avantages des conditions sociales modernes
Den socialistiska bourgeoisin vill ha de moderna samhällsförhållandenas alla fördelar

mais la bourgeoisie socialiste ne veut pas nécessairement des luttes et des dangers qui en résultent

Men den socialistiska bourgeoisin vill inte nödvändigtvis ha de strider och faror som blir följden

Ils désirent l'état actuel de la société, sans ses éléments révolutionnaires et désintégrateurs

De vill ha det existerande samhällstillståndet, minus dess revolutionära och sönderfallande element

c'est-à-dire qu'ils veulent une bourgeoisie sans prolétariat

med andra ord, de vill ha en bourgeoisi utan proletariat

La bourgeoisie conçoit naturellement le monde dans lequel elle est souveraine d'être la meilleure

Bourgeoisin föreställer sig naturligtvis den värld, i vilken den är den högsta att vara bäst

et le socialisme bourgeois développe cette conception confortable en divers systèmes plus ou moins complets

Och den borgerliga socialismen utvecklar denna bekväma uppfattning i olika mer eller mindre fullständiga system

ils voudraient beaucoup que le prolétariat marche droit dans la Nouvelle Jérusalem sociale

de skulle mycket gärna vilja att proletariatet genast marscherade in i det sociala Nya Jerusalem

Mais en réalité, elle exige du prolétariat qu'il reste dans les limites de la société existante

Men i realiteten kräver det att proletariatet håller sig inom det existerande samhällets gränser

ils demandent au prolétariat de se débarrasser de toutes ses idées haineuses sur la bourgeoisie

De ber proletariatet att kasta bort alla sina förhatliga idéer om bourgeoisin

il y a une seconde forme plus pratique, mais moins systématique, de ce socialisme

Det finns en andra, mer praktisk, men mindre systematisk form av denna socialism

Cette forme de socialisme cherchait à déprécier tout mouvement révolutionnaire aux yeux de la classe ouvrière

Denna form av socialism strävade efter att nedvärdera varje
revolutionär rörelse i arbetarklassens ögon
**Ils soutiennent qu'aucune simple réforme politique ne
pourrait leur être d'un quelconque avantage**
De hävdar att inga enbart politiska reformer skulle kunna vara
till någon fördel för dem
**Seul un changement dans les conditions matérielles
d'existence dans les relations économiques est bénéfique**
Endast en förändring av de materiella existensbetingelserna i
de ekonomiska förhållandena är till nytta
**Comme le communisme, cette forme de socialisme prône un
changement des conditions matérielles d'existence**
Liksom kommunismen förespråkar denna form av socialism
en förändring av de materiella levnadsbetingelserna
**Cependant, cette forme de socialisme ne suggère nullement
l'abolition des rapports de production bourgeois**
Men denna form av socialism innebär på intet sätt ett
avskaffande av bourgeoisins produktionsförhållanden
**l'abolition des rapports de production bourgeois ne peut se
faire que par la révolution**
Avskaffandet av bourgeoisins produktionsförhållanden kan
endast uppnås genom en revolution
**Mais au lieu d'une révolution, cette forme de socialisme
suggère des réformes administratives**
Men i stället för en revolution föreslår denna form av
socialism administrativa reformer
**et ces réformes administratives seraient fondées sur la
pérennité de ces relations**
Och dessa administrativa reformer skulle bygga på att dessa
förbindelser skulle fortsätta att existera
**réformes qui n'affectent en rien les rapports entre le capital
et le travail**
reformer som därför inte på något sätt påverkar förhållandet
mellan kapital och arbete
**au mieux, de telles réformes réduisent le coût et simplifient
le travail administratif du gouvernement bourgeois**

I bästa fall minskar sådana reformer kostnaderna och förenklar den borgerliga regeringens administrativa arbete
Le socialisme bourgeois atteint une expression adéquate lorsque, et seulement lorsque, il devient une simple figure de style
Den borgerliga socialismen kommer till ett adekvat uttryck, när och endast när den blir ett rent bildligt uttryck
Le libre-échange : au profit de la classe ouvrière
Frihandel: till gagn för arbetarklassen
Les devoirs protecteurs : au profit de la classe ouvrière
Skyddsuppgifter: till förmån för arbetarklassen
Réforme pénitentiaire : au profit de la classe ouvrière
Fängelsereform: till gagn för arbetarklassen
C'est le dernier mot et le seul mot sérieux du socialisme bourgeois
Detta är den borgerliga socialismens sista ord och det enda allvarligt menade ordet
Elle se résume dans la phrase : la bourgeoisie est une bourgeoisie au profit de la classe ouvrière
Det kan sammanfattas i frasen: bourgeoisin är en bourgeoisi till förmån för arbetarklassen

3) Socialisme et communisme utopiques critiques
3) Kritisk-utopisk socialism och kommunism

Nous ne nous référons pas ici à la littérature qui a toujours donné la parole aux revendications du prolétariat
Vi syftar här inte på den litteratur som alltid har gett röst åt proletariatets krav
cela a été présent dans toutes les grandes révolutions modernes, comme les écrits de Babeuf et d'autres
Detta har varit närvarande i varje stor modern revolution, såsom i skrifter av Babeuf och andra
Les premières tentatives directes du prolétariat pour parvenir à ses propres fins échouèrent nécessairement
Proletariatets första direkta försök att uppnå sina egna mål misslyckades med nödvändighet
Ces tentatives ont été faites dans des temps d'effervescence universelle, lorsque la société féodale était renversée
Dessa försök gjordes i tider av allmän upphetsning, då det feodala samhället höll på att störtas
L'état alors peu développé du prolétariat a conduit à l'échec de ces tentatives
Proletariatets då outvecklade tillstånd ledde till att dessa försök misslyckades
et ils ont échoué en raison de l'absence des conditions économiques pour son émancipation
Och de misslyckades på grund av att det saknades de ekonomiska förutsättningarna för dess frigörelse
conditions qui n'avaient pas encore été produites, et qui ne pouvaient être produites que par l'époque de la bourgeoisie
betingelser som ännu inte hade skapats och som endast kunde frambringas av den förestående bourgeoisin,
La littérature révolutionnaire qui accompagnait ces premiers mouvements du prolétariat avait nécessairement un caractère réactionnaire
Den revolutionära litteratur som åtföljde dessa proletariatets första rörelser hade med nödvändighet en reaktionär karaktär

Cette littérature inculquait l'ascétisme universel et le nivellement social dans sa forme la plus grossière

Denna litteratur inskärpte universell askes och social nivellering i dess grövsta form

Les systèmes socialistes et communistes, proprement dits, naissent au début de la période sous-développée

De socialistiska och kommunistiska systemen, i egentlig mening, uppstod under den tidiga outvecklade perioden

Saint-Simon, Fourier, Owen et d'autres, ont décrit la lutte entre le prolétariat et la bourgeoisie (voir section 1)

Saint-Simon, Fourier, Owen m.fl. skildrade kampen mellan proletariatet och bourgeoisin (se avsnitt 1)

Les fondateurs de ces systèmes voient, en effet, les antagonismes de classe

Grundarna av dessa system ser i själva verket klassmotsättningarna

Ils voient aussi l'action des éléments en décomposition, dans la forme dominante de la société

De ser också de sönderfallande elementens verksamhet i den rådande samhällsformen

Mais le prolétariat, encore à ses débuts, leur offre le spectacle d'une classe sans aucune initiative historique

Men proletariatet, som ännu befinner sig i sin linda, erbjuder dem skådespelet av en klass utan något historiskt initiativ

Ils voient le spectacle d'une classe sociale sans aucun mouvement politique indépendant

De ser skådespelet av en social klass utan någon självständig politisk rörelse

Le développement de l'antagonisme de classe va de pair avec le développement de l'industrie

Klassmotsättningarnas utveckling håller jämna steg med industrins utveckling

La situation économique ne leur offre donc pas encore les conditions matérielles de l'émancipation du prolétariat

Det ekonomiska läget erbjuder dem alltså ännu inte de materiella betingelserna för proletariatets frigörelse

Ils cherchent donc une nouvelle science sociale, de nouvelles lois sociales, qui doivent créer ces conditions

De söker därför efter en ny samhällsvetenskap, efter nya samhällslagar, som skall skapa dessa betingelser

l'action historique, c'est céder à leur action inventive personnelle

Historiskt handlande är att ge vika för sin personliga uppfinningsrikedom

Les conditions d'émancipation créées historiquement doivent céder la place à des conditions fantastiques

Historiskt skapade betingelser för frigörelse skall ge vika för fantastiska betingelser

et l'organisation de classe graduelle et spontanée du prolétariat doit céder la place à l'organisation de la société

Och proletariatets gradvisa, spontana klassorganisation måste ge vika för samhällets organisering

l'organisation de la société spécialement conçue par ces inventeurs

Den samhällsorganisation som dessa uppfinnare särskilt utarbetat

L'histoire future se résout, à leurs yeux, dans la propagande et l'exécution pratique de leurs projets sociaux

Den framtida historien upplöses i deras ögon i propaganda och praktiskt genomförande av deras sociala planer

Dans l'élaboration de leurs plans, ils ont conscience de s'occuper avant tout des intérêts de la classe ouvrière

Vid utformningen av sina planer är de medvetna om att de i första hand tar hänsyn till arbetarklassens intressen

Ce n'est que du point de vue d'être la classe la plus souffrante que le prolétariat existe pour eux

Endast som den mest lidande klassen existerar proletariatet för dem

L'état sous-développé de la lutte des classes et leur propre environnement informent leurs opinions

Klasskampens outvecklade tillstånd och deras egen omgivning präglar deras åsikter

Les socialistes de ce genre se considèrent comme bien supérieurs à tous les antagonismes de classe
Socialister av detta slag anser sig vara vida överlägsna alla klassmotsättningar
Ils veulent améliorer la condition de tous les membres de la société, même celle des plus favorisés
De vill förbättra villkoren för varje medlem i samhället, även för de mest gynnade
Par conséquent, ils s'adressent habituellement à la société dans son ensemble, sans distinction de classe
Därför appellerar de vanemässigt till samhället i stort, utan åtskillnad på klassnivå
Bien plus, ils font appel à la société dans son ensemble de préférence à la classe dirigeante
Nej, de appellerar till samhället i stort i stället för den härskande klassen
Pour eux, tout ce qu'il faut, c'est que les autres comprennent leur système
För dem är allt som krävs att andra förstår deras system
Car comment les gens peuvent-ils ne pas voir que le meilleur plan possible est le meilleur état possible de la société ?
För hur kan människor undgå att se att den bästa möjliga planen är för ett så bra samhällstillstånd som möjligt?
C'est pourquoi ils rejettent toute action politique, et surtout toute action révolutionnaire
Därför förkastar de all politisk, och särskilt all revolutionär, aktion
ils veulent arriver à leurs fins par des moyens pacifiques
De vill uppnå sina mål med fredliga medel
ils s'efforcent, par de petites expériences, qui sont nécessairement vouées à l'échec
De försöker sig på små experiment, som med nödvändighet är dömda att misslyckas
et par la force de l'exemple, ils essaient d'ouvrir la voie au nouvel Évangile social

och genom exemplets makt försöker de bana väg för det nya
sociala evangeliet

**De tels tableaux fantastiques de la société future, peints à
une époque où le prolétariat est encore dans un état très
sous-développé**

Så fantastiska bilder av det framtida samhället, målade i en tid
då proletariatet ännu befinner sig i ett mycket outvecklat
tillstånd

**et il n'a encore qu'une conception fantasmatique de sa
propre position**

Och den har ännu bara en fantasifull föreställning om sin egen
ställning

**Mais leurs premières aspirations instinctives correspondent
aux aspirations du prolétariat**

Men deras första instinktiva längtan motsvarar proletariatets
längtan

**L'un et l'autre aspirent à une reconstruction générale de la
société**

Båda längtar efter en allmän omdaning av samhället

**Mais ces publications socialistes et communistes
contiennent aussi un élément critique**

Men dessa socialistiska och kommunistiska publikationer
innehåller också ett kritiskt element

Ils s'attaquent à tous les principes de la société existante

De angriper varje princip i det existerande samhället

**C'est pourquoi ils sont remplis des matériaux les plus
précieux pour l'illumination de la classe ouvrière**

Därför är de fulla av det värdefullaste material för
arbetarklassens upplysning

**Ils proposent l'abolition de la distinction entre la ville et la
campagne, et la famille**

De föreslår att distinktionen mellan stad och landsbygd och
familjen skall avskaffas

**la suppression de l'exercice de l'industrie pour le compte des
particuliers**

avskaffande av näringsverksamhet för enskilda personers
räkning
**et l'abolition du salariat et la proclamation de l'harmonie
sociale**
och avskaffandet av lönesystemet och proklamationen av
social harmoni
**la transformation des fonctions de l'État en une simple
surveillance de la production**
Förvandlingen av statens funktioner till en ren övervakning av
produktionen
**Toutes ces propositions ne pointent que vers la disparition
des antagonismes de classe**
Alla dessa förslag pekar endast på klassmotsättningarnas
försvinnande
Les antagonismes de classe ne faisaient alors que surgir
Klassmotsättningarna hade vid denna tid bara börjat dyka
upp
**Dans ces publications, ces antagonismes de classe ne sont
reconnus que dans leurs formes les plus anciennes,
indistinctes et indéfinies**
I dessa skrifter erkänner man dessa klassmotsättningar endast
i sina tidigaste, oklara och obestämda former
Ces propositions ont donc un caractère purement utopique
Dessa förslag är därför av rent utopisk karaktär
**La signification du socialisme et du communisme critiques-
utopiques est en relation inverse avec le développement
historique**
Den kritiskt-utopiska socialismens och kommunismens
betydelse står i omvänt förhållande till den historiska
utvecklingen
**La lutte de classe moderne se développera et continuera à
prendre une forme définitive**
Den moderna klasskampen kommer att utvecklas och fortsätta
att ta definitiv form
**Cette réputation fantastique du concours perdra toute valeur
pratique**

Denna fantastiska ställning från tävlingen kommer att förlora allt praktiskt värde

Ces attaques fantastiques contre les antagonismes de classe perdront toute justification théorique

Dessa fantastiska angrepp på klassmotsättningarna kommer att förlora allt teoretiskt berättigande

Les initiateurs de ces systèmes étaient, à bien des égards, révolutionnaires

Upphovsmännen till dessa system var i många avseenden revolutionerande

Mais leurs disciples n'ont, dans tous les cas, formé que des sectes réactionnaires

Men deras lärjungar har i varje fall bildat rena reaktionära sekter

Ils s'en tiennent fermement aux vues originales de leurs maîtres

De håller hårt fast vid sina herrars ursprungliga åsikter

Mais ces vues s'opposent au développement historique progressif du prolétariat

Men dessa åsikter står i motsättning till proletariatets progressiva historiska utveckling

Ils s'efforcent donc, et cela constamment, d'étouffer la lutte des classes

De bemödar sig därför och detta konsekvent om att dämpa klasskampen

et ils s'efforcent constamment de concilier les antagonismes de classe

Och de bemödar sig konsekvent om att försona klassmotsättningarna

Ils rêvent encore de la réalisation expérimentale de leurs utopies sociales

De drömmer fortfarande om ett experimentellt förverkligande av sina sociala utopier

ils rêvent encore de fonder des « phalanstères » isolés et d'établir des « colonies d'origine »

de drömmer fortfarande om att grunda isolerade
"falangsterer" och etablera "hemkolonier"
ils rêvent de mettre en place une « Petite Icarie » – éditions
duodecimo de la Nouvelle Jérusalem
de drömmer om att sätta upp ett "Lilla Ikaria" – duodecimo-
utgåvor av det nya Jerusalem
Et ils rêvent de réaliser tous ces châteaux dans les airs
Och de drömmer om att förverkliga alla dessa luftslott
Ils sont obligés de faire appel aux sentiments et aux bourses
des bourgeois
De är tvungna att vädja till bourgeoisins känslor och
plånböcker
Peu à peu, ils s'enfoncent dans la catégorie des socialistes
conservateurs réactionnaires décrits ci-dessus
Undan för undan sjunker de ner i den kategori av reaktionära
konservativa socialister som beskrivits ovan
ils ne diffèrent de ceux-ci que par une pédanterie plus
systématique
De skiljer sig från dessa endast genom ett mer systematiskt
pedanteri
et ils diffèrent par leur croyance fanatique et superstitieuse
aux effets miraculeux de leur science sociale
Och de skiljer sig från varandra genom sin fanatiska och
vidskepliga tro på de mirakulösa verkningarna av sin
samhällsvetenskap
Ils s'opposent donc violemment à toute action politique de
la part de la classe ouvrière
De motsätter sig därför våldsamt varje politisk aktion från
arbetarklassens sida
une telle action, selon eux, ne peut résulter que d'une
incrédulité aveugle dans le nouvel Évangile
En sådan handling kan, enligt dem, endast vara ett resultat av
blind otro på det nya evangeliet
Les owénistes en Angleterre et les fouriéristes en France
s'opposent respectivement aux chartistes et aux réformistes

Oweniterna i England och fourieristerna i Frankrike är
motståndare till chartisterna och "réformisterna"

Position des communistes par rapport aux divers partis
d'opposition existants
Kommunisternas ställning i förhållande till de olika
existerande oppositionspartierna

**La section II a mis en évidence les relations des
communistes avec les partis ouvriers existants**
Sektion II har klargjort kommunisternas förhållande till de
existerande arbetarpartierna
**comme les chartistes en Angleterre et les réformateurs
agraires en Amérique**
såsom chartisterna i England och de agrara reformatorerna i
Amerika
**Les communistes luttent pour la réalisation des objectifs
immédiats**
Kommunisterna kämpar för att uppnå de omedelbara målen
**Ils luttent pour l'application des intérêts momentanés de la
classe ouvrière**
De kämpar för att genomdriva arbetarklassens tillfälliga
intressen
**Mais dans le mouvement politique d'aujourd'hui, ils
représentent et s'occupent aussi de l'avenir de ce
mouvement**
Men i den politiska rörelsen av idag representerar och tar de
också hand om rörelsens framtid
**En France, les communistes s'allient avec les social-
démocrates**
I Frankrike allierar sig kommunisterna med
socialdemokraterna
**et ils se positionnent contre la bourgeoisie conservatrice et
radicale**

och de positionerar sig mot den konservativa och radikala
bourgeoisin
**cependant, ils se réservent le droit d'adopter une position
critique à l'égard des phrases et des illusions
traditionnellement héritées de la grande Révolution**
Men de förbehåller sig rätten att inta en kritisk ståndpunkt när
det gäller fraser och illusioner som traditionellt överlämnats
från den stora revolutionen
**En Suisse, ils soutiennent les radicaux, sans perdre de vue
que ce parti est composé d'éléments antagonistes**
I Schweiz stöder de radikalerna, utan att förlora ur sikte det
faktum att detta parti består av antagonistiska element
**en partie des socialistes démocrates, au sens français du
terme, en partie de la bourgeoisie radicale**
dels av demokratiska socialister i fransk mening, dels av
radikal bourgeoisi
**En Pologne, ils soutiennent le parti qui insiste sur la
révolution agraire comme condition première de
l'émancipation nationale**
I Polen stöder de det parti som insisterar på en
agrarrevolution som den främsta förutsättningen för nationell
frigörelse
ce parti qui fomenta l'insurrection de Cracovie en 1846
det parti som underblåste upproret i Krakow 1846
**En Allemagne, ils luttent avec la bourgeoisie chaque fois
qu'elle agit de manière révolutionnaire**
I Tyskland kämpar de tillsammans med bourgeoisin, så snart
den handlar på ett revolutionärt sätt
**contre la monarchie absolue, l'escroc féodal et la petite
bourgeoisie**
mot den absoluta monarkin, den feodala godsägaren och
småbourgeoisin
**Mais ils ne cessent jamais, un seul instant, inculquer à la
classe ouvrière une idée particulière**
Men de upphör aldrig, för ett enda ögonblick, att ingjuta i
arbetarklassen en särskild idé

la reconnaissance la plus claire possible de l'antagonisme hostile entre la bourgeoisie et le prolétariat

ett så klart erkännande som möjligt av den fientliga antagonismen mellan bourgeoisi och proletariat

afin que les ouvriers allemands puissent immédiatement utiliser les armes dont ils disposent

så att de tyska arbetarna genast kan använda de vapen de förfogar över

les conditions sociales et politiques que la bourgeoisie doit nécessairement introduire en même temps que sa suprématie

de sociala och politiska betingelser, som bourgeoisin med nödvändighet måste införa vid sidan av sin överhöghet

la chute des classes réactionnaires en Allemagne est inévitable

De reaktionära klassernas fall i Tyskland är oundvikligt

et alors la lutte contre la bourgeoisie elle-même peut commencer immédiatement

och då kan kampen mot bourgeoisin själv omedelbart börja

Les communistes tournent leur attention principalement vers l'Allemagne, parce que ce pays est à la veille d'une révolution bourgeoise

Kommunisterna riktar sin uppmärksamhet huvudsakligen mot Tyskland, emedan detta land står på tröskeln till en bourgeoisirevolution

une révolution qui ne manquera pas de s'accomplir dans des conditions plus avancées de la civilisation européenne

en revolution som måste genomföras under mer avancerade förhållanden i den europeiska civilisationen

Et elle ne manquera pas de se faire avec un prolétariat beaucoup plus développé

Och den måste genomföras med ett mycket mer utvecklat proletariat

un prolétariat plus avancé que celui de l'Angleterre au XVIIe siècle, et celui de la France au XVIIIe siècle

ett proletariat som var mer avancerat än det i England på
1600-talet och i Frankrike på 1700-talet
**et parce que la révolution bourgeoise en Allemagne ne sera
que le prélude d'une révolution prolétarienne qui suivra
immédiatement**
och emedan bourgeoisins revolution i Tyskland endast
kommer att vara upptakten till en omedelbart följande
proletär revolution
**Bref, partout les communistes soutiennent tout mouvement
révolutionnaire contre l'ordre social et politique existant**
Kort sagt, kommunisterna stöder överallt varje revolutionär
rörelse mot den bestående sociala och politiska ordningen
**Dans tous ces mouvements, ils mettent au premier plan,
comme la question maîtresse de chacun d'eux, la question de
la propriété**
I alla dessa rörelser ställer de egendomsfrågan i förgrunden,
som den ledande frågan i var och en av dem.
**quel que soit son degré de développement dans ce pays à ce
moment-là**
oavsett vilken grad av utveckling den har i det landet vid den
tidpunkten
**Enfin, ils œuvrent partout pour l'union et l'accord des partis
démocratiques de tous les pays**
Slutligen arbetar de överallt för att de demokratiska partierna i
alla länder skall enas och enas
**Les communistes dédaignent de dissimuler leurs vues et
leurs objectifs**
Kommunisterna föraktar att dölja sina åsikter och mål
**Ils déclarent ouvertement que leurs fins ne peuvent être
atteintes que par le renversement par la force de toutes les
conditions sociales existantes**
De förklarar öppet, att deras mål endast kan uppnås genom ett
våldsamt omstörtande av alla existerande
samhällsförhållanden
**Que les classes dirigeantes tremblent devant une révolution
communiste**

Må de härskande klasserna darra inför den kommunistiska revolutionen

Les prolétaires n'ont rien d'autre à perdre que leurs chaînes

Proletärerna har inget annat att förlora än sina bojor

Ils ont un monde à gagner

De har en värld att vinna

TRAVAILLEURS DE TOUS LES PAYS, UNISSEZ-VOUS !

ARBETANDE MÄN I ALLA LÄNDER, FÖRENA ER!

www.ingramcontent.com/pod-product-compliance
Lightning Source LLC
Chambersburg PA
CBHW011738020426
42333CB00024B/2939